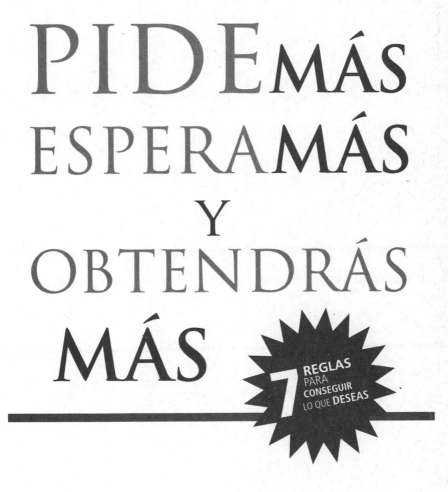

PIDEmás
ESPERAmás
Y
OBTENDRÁS
MÁS

**7 REGLAS
PARA
CONSEGUIR
LO QUE DESEAS**

PIDE MÁS ESPERA MÁS Y OBTENDRÁS MÁS

7 REGLAS PARA CONSEGUIR LO QUE DESEAS

MARÍA MARÍN

AGUILAR

Pide más, espera más y obtendrás más
© 2010, María Marín

© De esta edición:
   2010, Santillana USA Publishing Company
   2023 N. W. 84th Ave., Doral, FL, 33122
   Teléfono (1) 305 591 9522
   Fax   (1) 305 591 7473
   www.editorialaguilar.com

ISBN: 978-1-61605-193-8

Fotografía de portada: Tom Queally, Photographer/Los Ángeles
Diseño de cubierta: Josué Flores
Diseño de interiores: Cristina Hiraldo, Electronic Pre-Press, Inc.

Published in The United States of America
Printed in USA by HCI Printing & Publishing, Inc.
12 11 10   2 3 4 5 6 7 8 9 10

Índice

Tercera parte

Introducción

Durante varios años he dedicado mi trabajo a la transformación personal. Mi mayor pasión es ayudar a otros a que alcancen sus sueños. El trampolín que me lanzó en esta fascinante carrera como motivadora, figura radial y escritora fue enseñar el arte de negociar a nivel mundial. Conocer este arte me ayudó a lograr muchas metas. Mi intención con este libro es enseñarte lo que aprendí para que tú también puedas alcanzar lo que deseas.

Las personas exitosas tienen una característica en común. Esta cualidad tiene poco que ver con su educación, su inteligencia, su personalidad o su apariencia física; tiene que ver con algo más importante: ¡la capacidad de convencer a otro de lo que quieren! Los triunfadores no tienen miedo a pedir y exigir lo que desean. Es decir, ¡los campeones son buenos negociadores!

Si pudieras persuadir a todos de lo que quieres, siempre obtendrías lo que deseas. Nadie triunfa solo; para alcanzar cualquier sueño es necesario contar con el apoyo de los demás. Por ejemplo, si quieres abrir un negocio, necesitas la ayuda del banco para que te preste el dinero. Y si eres cantante, requieres el patrocinio de una casa disquera para que tu música llegue a las masas. En cualquier meta que desees lograr, sea profesional, personal o familiar, necesitarás convencer a otros de que te apoyen.

Y tú, ¿a quién tienes que convencer? Tal vez hace años no recibes un aumento de sueldo y necesitas un argumento fuerte para persuadir a tu jefe de que lo mereces. Es posible que te sientas ahogada con el trabajo doméstico y necesites convencer a tu esposo e hijos que cooperen con las tareas del hogar. O quizás encontraste la casa de tus sueños pero está sobre tu presupuesto y no sabes cómo convencer al dueño de que te baje el precio.

Este libro te enseñará a obtener todo lo que anhelas en tu vida por medio de técnicas de convencimiento. A través de anécdotas de la vida real, te presentaré vivencias que me dejaron enseñanzas muy valiosas. Espero que todas estas historias se impriman en tu corazón, y que aprendas de ellas para que tengas éxito en todo lo que emprendas.

Este texto contiene valiosa información presentada con mucha motivación y humor. Te doy la bienvenida a disfrutar de estos 12 capítulos que te convertirán en un experto negociador.

¿Te consideras una persona que consigue lo que quiere? Si la respuesta es "algunas veces", después de leer "De soñar a conseguir" dirás: ¡Por supuesto que soy capaz de conseguir lo que quiero!

En la Ley de las Expectativas explico la importancia de tener expectativas altas; según este principio, quien espera más, ¡obtiene más! Descubrirás que las técnicas que utilizan los ejecutivos para negociar con más efectividad en sus empresas son las mismas que puedes emplear en tu hogar. Es decir, podrás poner en práctica las enseñanzas de este capítulo con tu pareja, tus hijos y ¡hasta con tu suegra! Si tu excusa es que odias negociar, ¡la vamos a eliminar!

Luego te voy a enseñar lo que aprendí de otras culturas. Vas a aprender de sus formas de pensar y sus estilos únicos de negociar. Los japoneses, franceses, árabes y rusos tienen actitudes muy diferentes cuando desean convencer a alguien de lo que quieren. Sus maneras efectivas de persuadir son simples, pero poderosas.

En los capítulos siguientes explico siete reglas poderosas de negociación. La regla #1 es la que da título a este libro, "Pide más, espera más y obtendrás más". Le llamo la regla dorada porque es la clave del éxito en tu vida personal y profesional.

Algunos creen que negociar es un juego de manipulación. Saber las reglas del juego no significa que las vas a usar para manipular, sino que vas a estar preparado para cuando otros intenten manipularte a ti. Los grandes negociadores hacen sus tratos de manera limpia y honesta. Tengo muy claro que ¡ser bueno no significa ser bobo! Por eso, con la regla #2 "Da poquito y despacito", te explico la importancia de ceder cautelosamente, con mucha paciencia, y te voy a quitar el terror que tienes a que alguien te diga que no le interesa tratar contigo, que tiene otras opciones.

A los latinos nos fascina hablar, nos gusta contarlo todo, y sin darnos cuenta hablamos de más. Por este motivo, con la regla #3, "Piensa antes de hablar", te doy razones para que la sinceridad y la inocencia no te pongan en una posición de desventaja.

En la regla # 4 hablo de la parte más sensible de todo ser humano: el ego. Nunca cometas el error de herir el ego de la persona de quien deseas obtener algo porque no conseguirás nada. Elevar el ego de tu contrincante no cuesta nada, y te rendirá mucha ganancia.

Asimismo, es indispensable que no confíes en tus propias suposiciones. Cada vez que haces una suposición estás deduciendo que algo es cierto sin tener prueba de ello. Muchas veces tomas por ciertas ideas que no lo son y que te hacen perder dinero u oportunidades. Luego de leer la regla #5, "Pon a prueba tus suposiciones", obtendrás mejores resultados.

Ahora te pregunto, cuando tú y yo negociamos, si tú y yo logramos lo que queremos, ¿significa que los dos ganamos? ¡No necesariamente! Aunque los dos hayamos quedado contentos, no quiere decir que los dos ganemos. Entonces ¿qué es ganar? En la regla # 6, "Ganemos juntos", ¡lo descubrirás!

Lo que distingue a un buen negociador de otro malo es la confianza en sí mismo. Por esta razón, con la regla # 7, "Cree en ti", te ayudo a reprogramarte. Todos hemos pasado por situaciones difíciles que han marcado nuestra vida y cambiado su curso. Sin embargo, estas vivencias no deben ser un obstáculo para lograr lo que deseas. Voy a compartir contigo las experiencias trágicas que viví en mi niñez y adolescencia, las cuales no me impidieron alcanzar mis metas.

Inspirada en los fantásticos artefactos que usaba el Inspector Gadget, un famoso personaje de televisión en los años ochenta, he escrito un capítulo que se titula "Trucos de un buen negociador". Aquí vas a encontrar herramientas muy prácticas y efectivas que te capacitarán para negociar cualquier cosa.

Para cerrar este libro te cuento la historia de la princesa hindú Savitri, quien con su valentía, pureza y fortaleza logró negociar lo innegociable.

Deseo que te deleites en estas páginas y que las compartas con aquellos a quienes quieras ayudar a conseguir lo que más desean. En el momento que tengas la revelación de que sí cuentas con las habilidades y destrezas para lograr lo que quieres, hazme saberlo inmediatamente. Puedes hacerlo visitando mi portal de Internet, www.mariamarin.com.

PRIMERA PARTE

DE SOÑAR A CONSEGUIR

Mis treinta años llegaron llenos de preguntas. ¿Cuál es el propósito de mi vida? ¿Qué vine a hacer a este mundo? ¿Por qué estoy aquí? ¿Hacia dónde voy? ¿Qué debo hacer?

Estaba insatisfecha, indecisa. Me encontraba en una relación a la cual no le veía futuro. Quería dejarla y no encontraba cómo; no contaba con la valentía para tomar esa decisión. Sentía tristeza, frustración por vivir en la monotonía y la incertidumbre. Deseaba cambiar mi vida, llenar el vacío que llevaba dentro, hacer algo útil y sentirme productiva. En mis adentros gritaba: ¿qué hago?, ¿por dónde empiezo?, ¿quién me ayuda? ¡Auxilio!

Mi experiencia no era algo inusual. Todos pasamos por esto. Hasta tú. A todos nos llega el momento de cuestionarnos nuestra propia existencia. A medida que vayas leyendo estas páginas descubrirás no sólo cómo se transformó mi vida, sino cómo también tú puedes transformar la tuya.

Cuando me preguntan cuál fue el suceso que le dio un giro a mi vida y me hizo convertirme en la motivadora exitosa que soy hoy en día, respondo con la siguiente historia.

TONY Y LA SERPIENTE

Inesperadamente un día me llamó Tony, un amigo mío desde la infancia. Me quería invitar a un evento que, según él, cambiaría el curso de mi vida.

—María, tienes que venir a este seminario que tomé. Te va a encantar —dijo emocionado.

—¿De qué se trata? —pregunté intrigada.

—Es difícil de explicar. Cuando vengas lo entenderás —aseguró.

—¡Cómo esperas que vaya si no sé de qué van a hablar! —exclamé.

—Lo único que puedo decirte es que después de participar en este seminario te vas a sentir como una serpiente que acaba de mudar la piel —dijo con convicción.

—¿Cómo así? ¿Estás insinuando que soy una víbora? —dije confundida.

Tony me explicó que una serpiente, antes de mudar la piel, está bajo mucho estrés: su temperamento cambia, se siente indefensa, está más sensible e irritable, y los ojos se le nublan. Una vez que muda su vieja capa de piel, se libera de parásitos y de todo rastro de mordeduras y picaduras que hayan ocurrido en el pasado. Este proceso es esencial para su crecimiento, y es la única forma en que puede desarrollarse. Además, su nueva piel la hace lucir más sedosa, radiante y saludable. Decía Tony que la serpiente tiene que cambiar de piel como nosotros tenemos que cambiar el tamaño de la ropa según vamos creciendo.

Sus palabras me hicieron reflexionar. Mi vida estaba sombría y me sentía abatida. Yo necesitaba un cambio urgente de piel. Así que, sin tener la menor idea de lo que iba a suceder en ese seminario, acepté la invitación. Para mi sorpresa, cuando me inscribí me enteré que este taller no era de una hora sino de cinco días, y para colmo ¡era carísimo! Pero accedí porque después de todo yo solía gastar mucho más en vestidos, bolsas y zapatos, que en cierto modo llenaban ese vacío emocional. Ahora estaría invirtiendo en algo más útil, en mejorar mi futuro.

Pasé los siguientes cinco días en un salón sin ventanas junto a otras 54 personas.

En el primer taller, el instructor nos pidió que nos presentáramos unos a otros de una manera muy peculiar. Debíamos hacerlo sin usar palabras, ni mover las manos. Sólo podríamos comunicarnos a través de gestos. Sabíamos los nombres, pues los llevábamos escritos en una etiqueta al lado izquierdo del pecho. Algunas personas sonreían amistosamente, otros guiñaban un ojo o levantaban la cabeza asintiendo. Hubo quienes fruncieron el ceño y otros simplemente bajaban la vista para no tener que saludar.

Después de "conocernos" nos pidieron escribir en un papel una palabra que describiera a cada persona que habíamos conocido con la mirada. El resultado sorprendió a todos. Muchos se llevaron la sorpresa de ser catalogados de una forma inesperada. Recuerdo descripciones como: arrogante, orgulloso, tímido, miedoso, perezoso, creído, ridículo, amable, altanero, cómico, enérgico, tierno, plástico, tonto, intrépido, amistoso, coqueta. Estas fueron las primeras impresiones entre los participantes, y eso dio pie a lo que vino después…

El bote salvavidas

Durante el transcurso del seminario tuve momentos en que tenía la sensación de estar en un submarino que viajaba al fondo de mí misma. En otros momentos me sentí como una monja en medio de una playa nudista: no estaba acostumbrada a compartir mis sentimientos con extraños ni ponerme en una posición tan vulnerable. Cada día estaba lleno de actividades y ejercicios que nos enfrentaban cara a cara con nuestras emociones, verdades, recuerdos y contradicciones más íntimas.

Al quinto día nos advirtieron que en el último ejercicio nos enfrentaríamos con una situación extrema que nos enseñaría nuestro verdadero poder. El instructor se paró al frente del salón y dijo muy seriamente: "En los últimos cuatro días ustedes han tenido la oportunidad de conocer muy bien las debilidades, fortalezas, defectos y talentos de sus compañeros". Hizo una pausa para crear suspenso, respiró profundamente un par de veces y continuó. "Quiero que ahora cierren los ojos y dejen correr su imaginación. Visualicen que todos están navegando en el mismo barco. De pronto una tormenta azota. La fuerza del viento empieza a revolverlos de un lado al otro y la furia del mar estremece al barco a tal punto que comienza a hundirse. En medio del caos ustedes se dan cuenta que sólo hay un bote salvavidas y en el mismo caben únicamente siete personas". Al terminar la descripción nos pidió que abriéramos los ojos. Entonces, calló por unos segundos y preguntó: "¿Quién de ustedes logrará subirse en este bote salvavidas?"

Hubo un silencio sepulcral. Todos nos miramos unos a otros. El instructor nos hizo entrega de siete banderitas amarillas a cada uno e indicó: "Caminen por el salón y entreguen estas banderitas a las siete personas que ustedes consideren que merecen salvarse".

Era una situación extremadamente incómoda. Éramos 50 personas y ¡sólo un bote salvavidas! En estos cinco días se había creado un compañerismo muy fuerte. Todos habíamos compartido lágrimas, risas y emociones muy íntimas que nos unían de forma muy especial. Lo primero que me vino a la mente fue ¿cómo escoger a siete amigos sin hacer sentir mal a los demás? Y luego me cuestioné alarmada, ¿quién me salvará a mí?

Para escoger a los pasajeros, debíamos tomar en cuenta que por ser ésta una situación tan delicada, tendríamos que seleccionar a aquellas personas que poseyeran cualidades únicas e invaluables, pues cada uno desempeñaría una función vital en el bote para dirigirlo victoriosamente a tierra firme.

Empezamos a caminar por el salón, y así comenzó esta prueba de supervivencia. Todo el mundo reflejaba nerviosismo y desesperación en su mirada; hasta las manos nos sudaban. Aquellos que durante los últimos cinco días de su vida habían demostrado cualidades como compañerismo, solidaridad, liderazgo, valentía, integridad y buen corazón, recibieron varias banderas.

Recuerdo que una señora me dijo: "Te entrego esta banderita porque es necesario tener a alguien que nos transmita esperanza". Un joven me comentó: "Quiero llevarte por tu gran sentido del humor para que nos diviertas". Un señor me dijo: "La escojo a usted porque necesitamos a alguien que jamás se rinda". Recuerdo que para algunos fue un golpe muy duro ver sus manos vacías. ¡Gracias a Dios yo recibí muchas banderas!

Sin duda, entendí el propósito de este seminario. Todo lo que allí sucedió fue un reflejo de cómo realmente nos comportamos en nuestras vidas. Por ejemplo, observamos que quienes llegaban tarde al seminario en la mañana eran precisamente los que nunca podían llegar a tiempo a una cita de negocios, les cuesta trabajo comprometerse, son desconsiderados con el tiempo de otros, carecen de disciplina y son irresponsables.

Por otra parte, los que querían controlar todo dentro del salón acabaron confesando que en su diario vivir eran egocentristas, manipuladores y testarudos.

Todas las experiencias que viví allí de alguna forma me iluminaron y me exhortaron a querer transformar mis defectos y debilidades, y a la vez, enfocarme en promover mis talentos y fortalezas.

También me di cuenta de que lo que uno cree de sí mismo puede ser completamente diferente a lo que los demás perciben. Por ejemplo, existe el que se cree muy listo, pero todo el mundo se da cuenta de que es un ignorante. Así mismo está la mujer que es insegura y se siente débil y hasta fea, pero todos a su alrededor se dan cuenta de su potencial ¡y de lo bonita que es!

La mayor revelación para mí fue entender que si pude marcar una diferencia en ese salón, el cual representaba nuestra sociedad, ¡seguro que podría proyectar mi fuerza más allá de esas cuatro paredes!

Finalmente comprendí lo que mi amigo Tony quiso decir cuando me explicó: "Te vas a sentir como una serpiente que acaba de mudar la piel". Era obvio que había vivido cubierta con una capa de miedos, inseguridades, complejos y excusas, que no me permitían desarrollar mi potencial. Luego de vivir esta experiencia, realmente me sentí dentro de una nueva piel.

Mi primera negociación

Mi nueva capa me hizo sentir más segura y brillante, y me empujaba a tomar decisiones que antes posponía. La más temida decisión que tuve que afrontar fue tener que decidir qué hacer respecto a mi matrimonio. Me había casado muy joven e inmadura. Pensaba que el único camino para la protección y la seguridad financiera de una persona era el matrimonio. Desde pequeña había escuchado que lo más inteligente que una mujer podía hacer era casarse con un doctor o, por supuesto, ¡con un abogado! Mi marido no era lo uno ni lo otro, pero sí era un exitoso empresario, mucho mayor que yo. La inexperiencia no me permitió reconocer que la principal razón por la que debía compartir mi vida con alguien no era por necesidad o conveniencia sino ¡por amor!

Evidentemente me casé por las razones equivocadas. Por eso mi matrimonio poco a poco se deterioró. Llegamos al punto en que no teníamos nada en común, no había temas de conversación, tampoco metas conjuntas ni planes futuros. Y para colmo, ¡la química se extinguió!

Me aterraba tener que enfrentar la situación y terminar por divorciarme. Para atreverme a hacerlo, tenía que convencerme de que tomar esta decisión era lo mejor para mí, por más difícil que fuera. Es decir, tenía que "negociar" conmigo misma. María la Valiente quería superarse, pero antes debía convencer a María la Miedosa de qué era lo mejor. En cualquier negociación, la contraparte siempre pone objeciones. María la Miedosa decía: "No puedo mantenerme sola. ¿Qué va a pensar la gente si me divorcio? Pobre hombre sin mí. ¿Qué tal si me va peor? No quiero hacerle daño a nadie. ¿Y si no vuelvo a encontrar el amor?", etcétera. Evalué estos argumentos y me di cuenta de que en esta negociación era más lo que podía ganar que lo que podía perder. ¡Ganaría la felicidad! Así que accedí a cortar el "cordón umbilical" que me unía a esa relación y cerré la negociación conmigo misma.

Negociar es el arte de convencer a otro de lo que uno quiere. A veces la negociación más difícil es persuadirnos a nosotros mismos. ¿Cuántas veces te ha sucedido que te has dado cuenta de que necesitas comer saludablemente y no te haces caso? Dices: "Me voy a comer esta pizza hoy, mañana empiezo la dieta". ¿Cuántas veces conocemos a alguien que sabe que debe serle fiel a su pareja, que la respeta y no quiere dañar su relación, pero que a la vez desea "tirar una canita al aire" y sale con otra persona? ¿Y qué tal del que sabe que tiene un problema de alcohol o de drogas pero se dice a sí mismo: "Un traguito más no me afecta"? En situaciones como éstas, lo que sucede es que las personas no son claras con ellas mismas ni saben persuadirse para tomar las decisiones correctas. No saben "negociar" consigo mismas.

HAY QUE ACTUAR CON SEGURIDAD

Comencé una etapa con muchos cambios: me mudé, hice nuevas amistades, obtuve nuevas responsabilidades y me propuse nuevas metas. Estaba deseosa de cumplir el sueño que siempre tuve: el de dirigirme a una audiencia y transmitirle un mensaje de gran valor. Claro, como todo el mundo, aun con mi nueva piel, dudé. Confieso que a pesar de todo lo bueno que se había presentado en mi vida, tuve momentos de inseguridad. Me hice las mismas preguntas que me había hecho en aquel momento de confusión: ¿qué hago?, ¿por dónde empiezo?, ¿quién me ayuda? ¡Auxilio!

Un día, cuando leía en el periódico los clasificados de empleo, encontré un anuncio que decía: "Prestigiosa compañía en Beverly Hills busca conferencista para presentar estrategias de negociación". Pensé en lo mucho que me gustaría hacer un trabajo como éste: ¡me permitiría realizar mi sueño de ser oradora! Cerré los ojos y me visualicé, elegantemente vestida, enseñando el arte de negociar.

Revisé los requisitos: experiencia en negociaciones internacionales, consultoría empresarial y otra docena de facultades. Desilusionada, pensé: "¡Ni lo sueñes, María! No tienes los conocimientos ni la experiencia necesaria para este trabajo". No me dejé vencer por mi miedo y me atreví a solicitar el empleo. Tuve que pasar por muchas entrevistas. La competencia era fuerte: más de 50 personas, y sólo había una plaza disponible. Me concentré en aprender el material. Estudié sin descanso y practiqué largas horas frente al espejo. Me sometieron a un largo escrutinio que duró varios meses. Finalmente el presidente de la compañía me hizo muchas preguntas y reiteró: "Eres muy dinámica y buena presentadora, pero tu falta de experiencia en este campo me preocupa". A lo que respondí vehementemente: "Puedo aprender con rapidez. Estoy comprometida a dar lo mejor de mí. ¡Soy apasionada en todo lo que hago! Si me contrata, no se va a arrepentir. Quiero convertirme en la mejor negociadora del mundo".

Días más tarde recibí la noticia: ¡había sido seleccionada! Me sentí tan contenta como el día en que me dieron las banderitas amarillas para subirme al bote salvavidas. Celebré con euforia. Sabía que emprendería un viaje probablemente tan turbulento como el que habría experimentado en el bote salvavidas pues obviamente yo no poseía todos los requisitos para este empleo; Sin embargo, estoy convencida de que me contrataron porque les transmití mi entusiasmo, seguridad y determinación. Una vez más había logrado cerrar una gran negociación. Desde entonces me dije que no volvería a prestarle más atención a mis debilidades. No hay por qué limitar el camino que lleva al triunfo.

¡Atrévete!

Seguramente has estado en una situación similar en la que deseas algo con mucha pasión pero no te sientes preparado para asumir ese reto. Es normal tener miedo cuando debes comenzar a trabajar en algo, que no tienes experiencia. Pero si esperas a sentirte como un experto para emprender algo nuevo, ¡te quedarás esperando toda la vida!

Te sugiero que encuentres a alguien que sea exitoso en su trabajo y que haya logrado grandes metas. Pregúntale cuál era su experiencia antes de comenzar: te sorprenderás cuando te diga que era muy poca.

Un buen ejemplo es mi tío Rubén, un exitoso hombre de negocios que fundó la reconocida franquicia de restaurantes *The Green Burrito*, que hoy cuenta con más de 100 establecimientos en California. Un día conversamos sobre este tema.

—Tío, ¿cuál era tu experiencia en el área de los restaurantes antes de comenzar tu imperio? —le pregunté con mucha curiosidad, esperando oír una respuesta llena de valiosa información.

—¡Lo único que sabía de comida era comérmela! —respondió jocosamente, con aire de humildad, y continuó— yo no tenía ninguna experiencia en el negocio de los restaurantes, pero contaba con algo más importante: tuve la disposición de aprender, pedir apoyo, leer libros, investigar, sacrificarme y hacer todo lo necesario para alcanzar mi sueño. —Y concluyó—: Es como cuando estás enamorado, que piensas en tu amado las 24 horas al día: ¡así mismo me obsesioné con mi negocio!

He aquí otra muestra de que para alcanzar tu sueño lo más importante es atreverte a intentar. ¡Olvídate de acumular tantos conocimientos! El factor clave es creer en ti. Si yo hubiera esperado a sentirme como una experta negociadora para pedir trabajo en esa empresa, hubiera perdido la oportunidad de obtenerlo.

Antes de lanzarte en un proyecto, es sano pensar que necesitas más conocimientos o entrenamiento. Eso te impulsa a prepararte más y, estar alerta, pero no dejes que tus sueños se mueran porque crees que te faltan estudios. Tu éxito en la vida no lo define tu preparación académica o tu experiencia, más bien lo decide la confianza en ti mismo ¡y tu ardiente deseo de triunfar!

Empecé la marcha

Luego de obtener el trabajo de conferencista, la compañía me puso bajo un intenso proceso de capacitación. Me asignaron un instructor, el señor Neil, quien estaría a cargo de mi preparación. Antes de mi primer encuentro con el instructor, busqué información relacionada con el arte de negociar. Quería mostrarle a este señor, o más bien, dar la impresión de que tenía amplio conocimiento de lo que él me iba a enseñar.

Ese día llegué bien temprano al salón de conferencias donde tomaría el curso. Esperé por el señor Neil un poco nerviosa. Minutos más tarde entró un hombre de estatura mediana, calvo y con lentes. Su estilo conservador de vestir me dio la impresión de que era una persona aburrida pero a la vez muy inteligente. Caminó a su escritorio sin saludar ni mirarme a los ojos. Abrió un libro, pasó un par de páginas, subió la mirada y dijo:

—¿Sabes la diferencia entre un buen negociador y un mal negociador? —preguntó en un tono amigable.

Me tomó de sorpresa. Quedé fría, no sabía qué responder. Había indagado acerca de la negociación pero no tenía idea de cuál era la respuesta, y ¡mejor muerta antes que dejar que lo notara! ¿Qué le digo?

—¡Buenos días! —exclamé sonriente tratando de ganar tiempo mientras pensaba en lo que iba a decir —. Me parece que es persistencia.

—No —respondió tajante.

—¿Será… preparación? —dije menos confiada.

—¡Jamás! —contestó, en un tono más elevado.

—Acaso… ¿buena personalidad? —dije con un poco de ironía en la voz.

—¡No! —exclamó— La diferencia entre un buen negociador y un mal negociador se determina de acuerdo al nivel de expectativas que tenga cada cual. —Y agregó—: Los negociadores exitosos tienen expectativas altas —dijo con una solidez apabullante, como si fueran estas las últimas palabras de un discurso importante.

En los primeros cinco minutos de esta lección había aprendido algo trascendental acerca de negociación. El señor Neil me explicó que en estos seminarios yo enseñaría a los participantes las reglas más importantes de negociación. Entonces pregunté:

—¿Cuántas reglas hay?

—¡Demasiadas! —dijo sonriendo.

—¿Aprenderé todas hoy? —pregunté, sedienta de conocimiento.

—¡Sólo la primera! —exclamó.

Así comenzaron mis estudios en este fascinante campo de la negociación. Dediqué innumerables horas para instruirme. Deseaba convertirme en una autoridad en el tema. Además del adiestramiento que recibía de la empresa me pasaba horas en la biblioteca y en la Internet, investigando más y más. Me volví una experta en el arte de negociar y llegué a ser la única mujer latina instructora de estrategias de negociación a nivel mundial. Los años que trabajé para esta empresa fueron el trampolín que me lanzó más tarde como motivadora, columnista, autora y figura radial. Te aseguro que cuando acabes de leer este libro, tú también tendrás la capacidad de lograr cualquier sueño y convertirte en un experto al negociar.

☆ ☆ ☆ ☆ ☆ ☆ ☆

EJERCICIOS

1. ¿Qué cualidades invaluables posees que te harían merecer banderitas amarillas y te ayudarían a subirte al bote salvavidas?

_____

_____

2. ¿Qué defectos o debilidades tienes que evitarían tu oportunidad de obtener banderitas amarillas?

_____

_____

3. Menciona tres experiencias importantes que cambiaron el curso de tu vida y te hicieron "mudar la piel". Por ejemplo: una relación, una película, una traición, un accidente, la lectura de un libro, un viaje…

A. _____

_____

B. _____

_____

C. _____

_____

4. ¿A qué nuevo camino te llevó cada experiencia?

A. _____

_____

B. _____

_____

C. _____

_____

5. ¿Cuál es el sueño que has dejado morir porque piensas que te falta experiencia, preparación o conocimientos?

_____

_____

_____

6. Anota el nombre de tres personas a las que admiras. Por ejemplo: un artista, un familiar, un amigo, tu jefe, etcétera. Investiga cuánta experiencia tenían cuando comenzaron en su campo.

_____

_____

_____

7. ¿Qué negociación haces habitualmente contigo mismo para tratar de convencerte de algo que sabes que no te conviene?

_____

_____

_____

8. En una escala de 0 al 10, ¿cómo te calificas como negociador? Cero (0) significa "soy un negociador terrible" y diez (10) significa "soy un excelente negociador". Encierra en un círculo el número que corresponde a tu puntuación.

0   1   2   3   4   5   6   7   8   9   10

9. Cuando acabes de leer este libro, regresa a este ejercicio y califícate nuevamente. Te garantizo que, esta vez, tu número no será el mismo. Tu puntuación como negociador va subir a considerablemente.

0   1   2   3   4   5   6   7   8   9   10

RECUERDA QUE:

- *Una serpiente tiene que mudar su vieja piel para liberarse de parásitos y de rastros de picaduras que hubieran ocurrido en el pasado; sólo así puede continuar con su proceso de crecimiento. De la misma manera, tú también tienes que liberarte de miedos y resentimientos que arrastras del pasado para que puedas crecer emocionalmente.*

- *Lo que tú crees de ti mismo puede ser completamente diferente a lo que los demás perciben de ti.*

- *Es normal tener miedo cuando te enfrentas a una situación para la que no tienes experiencia. Pero si esperas a sentirte como un experto para emprender algo nuevo, ¡te quedarás esperando toda la vida!*

- *Tu éxito en la vida no lo define tu preparación académica o tu experiencia; más bien lo decide la confianza en ti mismo ¡y tu ardiente deseo de triunfar!*

- *Negociar es el arte de convencer a otro de lo que tú quieres, y en algunos casos la negociación más difícil es convencerte a ti mismo de lo que verdaderamente deseas.*

- *La diferencia entre un buen negociador y un mal negociador se determina de acuerdo al nivel de expectativas que tenga cada cual. ¡Los negociadores exitosos tienen expectativas altas!*

> *"Muchas veces la mejor forma de enfrentar un gran reto es no saber nada acerca de él".*
>
> María Marín

La Ley de las Expectativas

"¡Todo en esta vida es negociable!", son las primeras palabras que le expreso a la audiencia cuando dicto mi seminario sobre negociación. Luego de hacer esta afirmación, aclaro: "¡Pero, ojo! Existe algo que no es negociable". Y a continuación pregunto: "¿Saben a lo que me refiero?" Muchos se quedan pensando. De pronto alguno de los participantes levanta la mano y exclama: "¡Todo es negociable, menos la muerte!"

Yo pensaba lo mismo, pero después de la experiencia que tuve con mi hermana en un concierto del famoso cantante Luis Miguel, descubrí que hay otra cosa, además de la muerte, que no es negociable.

Había seguido la carrera de este artista desde que cantaba con su peinado punk. "No sé túúúúú", ¡pero a mí me encanta! Esta vez era mi primera oportunidad de verlo en concierto.

Llegamos un poco tarde al evento porque en esos días mi hermana tenía ocho meses de embarazo y caminaba a paso de tortuga.

—¡Apúrate que el concierto ya va a empezar! —le grité para que acelerara, mientras nos dirigíamos hacia nuestros asientos.

—No seas tan desesperada, Luis Miguel no ha salido todavía —dijo molesta y con dificultad para respirar.

—Pero al paso que vas, vamos a llegar cuando se esté acabando el concierto —le alegué.

Nos sentamos, nos acomodamos y las luces del lugar se apagaron. Inmediatamente comenzó el rugido de la multitud y me uní a la masa para aclamar la presencia de mi héroe: ¡Luismi, Luismi, Luismi!

En ese momento se oyó un estruendo, y de pronto Luis Miguel apareció en el escenario. Las mujeres gritaban con euforia. La emoción que se desató en el lugar era impresionante. Los alaridos del público y la música me impedían oír la vocecita de mi hermana que trataba de comunicarme algo a la vez que me halaba el vestido.

—¿Qué te pasa? ¡Me vas a romper el traje! —le grité para que me pudiera escuchar.

Y de repente lo más inesperado sucedió:

—¡María, nos tenemos que ir! —angustiada me dijo al oído.

—¿¡Te has vuelto loca!? ¡De aquí no me saca nadie! —le aseguré, y seguí bailando al ritmo de "Cuando calienta el sol".

—María, es en serio, tenemos que irnos, no me siento bien —me rogó, mientras se tocaba la barriga.

—Te prometo que en el receso te traigo algo rico para comer, pero ahora déjame disfrutar el concierto ¡por favor! —y seguí cantando.

De pronto me agarró del brazo y de un tirón me hizo sentar.

—María, ¡esto no es negociable! —gritó, y con toda la fuerza de sus pulmones remató— ¡La bebé va a nacer!

En ese momento descubrí que además de la muerte existe algo que no es negociable: la llegada de un bebé a este mundo. Es irónico que los extremos de la vida, nacer y morir, son las únicas dos cosas que no se pueden negociar. Sin embargo, te aseguro que todo lo que existe en medio de estas dos situaciones, ¡sí se puede negociar!

Entonces, teniendo en cuenta que negociar es el arte de convencer a otro de lo que tú quieres, te pregunto: ¿qué quieres negociar? Tal vez, ¿que tus hijos hagan las tareas?, ¿hacer razonar a tu esposo para que ayude con el trabajo de la casa?, ¿persuadir al jefe de que te aumente el sueldo?, ¿inducir a un cliente para que compre tu producto?, ¿conseguir que te den un buen descuento?, ¿convencer a tu suegra de que no sea tan metiche?

Te aseguro que siempre puedes convencer a los demás para conseguir lo que deseas. ¡La vida es una negociación constante! El secreto para hacerlo bien es utilizar estrategias efectivas de negociación.

EL JUEGO DE LA NEGOCIACIÓN

Negociar es un deporte. Haz de cuenta que es como el golf. Si quieres ser un buen golfista, tienes que seguir ciertas técnicas que te ayudarán a pegarle mejor a la bola. Por ejemplo, es importante mantener el cuerpo inclinado hacia el frente, la espalda derecha, los brazos estirados, doblar ligeramente las rodillas, clavarle la mirada a la bola y mantener la cabeza quieta hasta el momento del impacto. Pon estas técnicas en práctica y te garantizo que vas a tener un mejor resultado en cada tiro. Así mismo es el juego de la negociación: mientras más conocimiento tengas de sus tácticas, técnicas y estrategias, mejor desempeño tendrás en cada acuerdo. Te garantizo que *si no sabes jugar algo, no querrás practicarlo, pero si no lo practicas, nunca podrás dominarlo.*

Conozco muchas personas que aborrecen negociar; éstos son precisamente los que por lo general salen mal en sus negociaciones.

¿Sabes por qué no les gusta? Son varias las razones: algunos no se sienten preparados, otros están convencidos de que negociar es como entrar en un campo de batalla, muchos creen que la contraparte va a decir ¡no!, varios piensan que serán catalogados como exigentes, "pide-pide" o desconsiderados. Incluso a algunos sencillamente les da vergüenza negociar. Por todas estas razones, en mis seminarios hago un ejercicio de negociación muy revelador.

¡Abre el puño!

Les pido a los participantes que encuentren su pareja para negociar. Rápidamente, una confusión tremenda se arma en el salón porque nadie sabe a quién escoger. Generalmente tengo que interrumpir la algarabía al decirles: "¡Por favor escojan a cualquiera, vamos a negociar, no vamos a bailar!"

Les explico que una de las personas tiene la misión de hacer un puño la mano; el trabajo del otro es convencer a su compañero de que la abra. Antes de empezar la negociación digo lo siguiente: "¡El propósito de este ejercicio es abrir el puño!" Les recalco: "Escuchen bien, repito: ¡el propósito de este ejercició es abrir el puño!"

Les sugiero hacer todo lo que se les ocurra para lograr el objetivo: ¡abrir el puño! Les sugiero que usen la imaginación y cualquier estrategia que se sepan. "Utilicen todo, todo, todo menos la violencia ¡por favor!", les pido jocosamente, y vuelvo a recalcar: "¡El propósito de esta dinámica es que el compañero abra la mano!" Y les doy un minuto para negociar.

Me divierto al oír las conversaciones y expresiones que utiliza cada pareja en este primer acuerdo. Cuando han pasado los 60 segundos, les digo: "Se acabó el tiempo, pueden relajar las manos". Después les pido que levanten la mano los que lograron que la pareja abriera el puño. Sorprendentemente, de 300 personas, en promedio, sólo 20 levantan la mano. Me dirijo hacia este grupo exclusivo de negociadores y les pregunto: "¿Cómo lograron persuadir a su compañero? ¿Acaso usaron la fuerza? ¿Le hicieron cosquillas? ¿O se atrevieron a sobornarlo, ofreciéndole dinero, una cena, un masaje o hasta un besito?" Todo el mundo se ríe porque siempre hay alguien que se levanta y orgullosamente acepta haber usado una de estas artimañas.

Finalmente hago la pregunta crucial: "¿Quiénes lo lograron simplemente pidiéndolo con amabilidad?" Generalmente sólo hay una o dos personas que consiguen el objetivo de esta manera.

Entonces, revelo algo que, aunque es obvio, para la gran mayoría no lo es. Esta negociación está diseñada para poder llegar a un acuerdo en los primeros cinco segundos sin ningún esfuerzo, puesto que el único propósito es ¡abrir el puño! Todo lo que había que hacer era decirle al compañero: "¡Por favor abre la mano!" Y se supone que éste rápidamente lo hiciera y con satisfacción expresara: "¡Qué bien, cumplimos el propósito del ejercicio!"

Hago esta dinámica para demostrar que aun cuando una negociación es sencilla, muchas veces adoptamos una mentalidad negativa desde antes de empezar. En el caso de la dinámica del puño, antes de entrar a negociar la mayoría piensa: "no lo voy a lograr", "va a ser muy difícil", "éste nunca va a acceder", "qué pérdida de tiempo". ¡Ten cuidado! Esta actitud pesimista distingue a los malos negociadores.

Antes de empezar cualquier negociación, y tratar de convencer a otro de lo que tú quieres, asegúrate de poner en práctica el consejo que me dio mi principal maestro.

El "Gurú de las Expectativas"

El doctor Chester L. Karrass, pionero en estudios sobre la negociación y un gurú en este tema, una vez me dijo:

—María, de todo lo que has aprendido conmigo, quiero que te grabes una sola cosa para siempre y jamás la olvides. ¿Me lo prometes?

—Claro que sí, señor Karras —respondí respetuosamente.

—Si lo haces, te garantizo el éxito, no sólo en los negocios sino también en el amor.

—Dígame por favor, ¿qué es eso tan maravilloso? —pregunté curiosa.

—¡Eleva tus expectativas! —exclamó con gran ímpetu.

Tu nivel de expectativas en la vida está en proporción directa con lo que vas a obtener. Tanto en la vida como en los negocios, quien espera poco obtiene poco y ¡quien espera mucho, obtiene un montón! Así lo afirma la Ley de las Expectativas. Esta ley establece que según lo que esperes, así obtendrás. Estoy segura que tú debes tener varias anécdotas de cuando conseguiste exactamente lo que tanto esperabas.

Eso que pensamos que son casualidades muchas veces son el resultado de la Ley de las Expectativas. Por ejemplo, cansado de pagar alquiler, un día decides comprar tu propia casa y cuando empiezas la búsqueda piensas: "Espero encontrar una casita que tenga una entrada con un camino de adobe y que en la parte de atrás haya un jardín con muchas flores". Y entonces, como por arte de magia, tu agente de bienes raíces te llama para decirte: "Quiero mostrarte una casita que tiene tres habitaciones, dos baños, una cocina amplia, ventanas grandes, una sala familiar con chimenea, y lo que más te va a gustar es el patio con rosales y la entrada de ladrillos rojos". Y tú respondes emocionado: "¡Qué suerte, es la casita que he estado esperando!"

LO QUE ESPERAS, ¡TE LLEGA!

Recuerdo que hace años yo esperaba, esperaba y esperaba con ansias una oportunidad para llevar mi mensaje a miles de mujeres. Una tarde estaba muy concentrada escribiendo una de mis columnas cuando de pronto timbró el teléfono. No quería salir de mi profunda concentración y dejé que sonara. No había pasado ni un minuto cuando volvió a timbrar y pensé en voz alta: "¡Que imprudente!, ¿no entiende que tengo que acabar esta columna en media hora?" Intenté ignorarlo, pero esta vez mi sexto sentido me susurró: "¡Contesta!"

—¡Hola! Es la oficina de María Marín, ¿cómo puedo ayudarlo? —dije con acento argentino, tratando de encubrir mi propia identidad; pues yo era recepcionista, secretaria, empleada de servicio, contadora y asistente personal de María Marín. Cada empleado tenía, o mejor dicho, teníamos un acento específico. En aquellos tiempos cualquiera que llamara a mi oficina más de tres veces pensaría que se había comunicado con una filial de las Naciones Unidas.

—¿Puedo hablar con María Marín? —preguntó una voz masculina en un tono exigente pero a la vez muy cortés.

—María no se encuentra en este momento y no puede atender su llamada —respondí cortante.

—Soy Darryl Brown, vicepresidente de la cadena radial ABC —se presentó amablemente, y continuó—: Estamos buscando una figura radial y sabemos del talento de María. En este momento me encuentro en Los Ángeles y estoy interesado en conocerla personalmente para hacerle una propuesta. Por favor, dígale que la llamaré en dos semanas cuando regrese a la ciudad.

—¡Deme un segundo señor Brown! La señora Marín está entrando por la puerta en este instante. Antes de que se vuelva a ir, voy a ir corriendo a decirle que usted quiere hablar con ella.

Boquiabierta, presioné el botón de llamada en espera, y efectivamente empecé a correr en círculos con las manos levantadas, mientras gritaba: "¡*Yes, Yes, Yes,* Sí, Sí, Síííííí! ¡Graciassss Dioooos Míooooo! ¡La oportunidad que tanto esperaba!"

El señor Brown era un "cazador de talentos". Su misión era encontrar a alguien que pudiera transmitir, a través de un micrófono, un mensaje de motivación dirigido a la mujer hispana. Días después hablamos cara a cara en un café de la ciudad de Los Ángeles y me explicó con entusiasmo: "Queremos hacer un programa de radio en los Estados Unidos dedicado a la superación personal de la mujer hispana, y queremos que tú seas la conductora".

Sus palabras fueron música para mis oídos, y así fue como comenzó mi aventura en la radio. Con esta historia una vez más compruebo la veracidad de la Ley de las Expectativas. En la vida como en los negocios, ¡según lo que esperes, así recibirás! Los resultados que obtengas en tu vida, sean buenos o malos, son producto de tus expectativas.

Por eso es tan normal que las personas exitosas (por lo regular) tengan altas expectativas. Es decir, esperan triunfar, esperan abundancia, esperan caer bien, esperan felicidad; y a la hora de negociar, siempre esperan cerrar un buen trato. Te garantizo que jamás podrás obtener más dinero, más triunfo, más amor o hasta más salud, si tu nivel de expectativas es bajo. Los resultados que obtengas van de acuerdo a lo que esperes. *¡Tu futuro se colorea de acuerdo al matiz de tus expectativas!*

Temperatura millonaria

¿Te atreverías a esperar cantidades colosales de dinero en tu vida? Te advierto que quienes lo esperan se salen con la suya. No es casualidad que los millonarios tengan expectativas millonarias.

Lo cierto es que todos quisiéramos tener mucho dinero, ya sea para satisfacción personal, para obtener fama, para adquirir poder, para ayudar a los más necesitados o simplemente para establecer una diferencia en el mundo.

Hay quienes sin darse cuenta ahuyentan el dinero de sus vidas porque piensan negativamente sobre él. Seguro que has oído a alguien expresar una de estas afirmaciones: "la plata es la raíz de todos los pecados", "el dinero no compra la felicidad", "los ricos no van al cielo", "el dinero fomenta la avaricia", "es imposible ser millonario y espiritual a la vez". O quizás: "no necesito plata para ser feliz".

Sé consciente de que cuando hablas negativamente de algo, o lo desprecias, ¡lo espantas! ¿Quieres hacer la prueba? Dile a tu pareja: "No te necesito para ser feliz". Verás como huye de tu lado a la velocidad de un rayo. Lo mismo sucede con el dinero: si lo desprecias se aleja. Obviamente no estoy diciendo que tu felicidad depende de una jugosa cuenta bancaria, una casa de verano junto al mar, un auto deportivo o un hermoso anillo de diamante. ¡No! Ningún lujo o persona puede hacerte plenamente feliz; la felicidad se encuentra en la satisfacción personal contigo mismo. Pero no hay nada malo en que el dinero te dé seguridad, tranquilidad y satisfacción. Así que para atraerlo, ¡habla bien de él, dale la bienvenida y trátalo bien!

El motivador norteamericano T. Harv Eker, en su libro *Los secretos de una mente millonaria*, explica que cada individuo tiene un termostato invisible en su mente que controla su temperatura con relación al dinero que posee. Así como un termostato se puede ajustar en el invierno para que la temperatura de una casa se mantenga en 75 grados Fahrenheit sin importar cuánta nieve caiga, de la misma forma fijas el termostato de dinero en tu mente.

Si tienes expectativas de ganar 20 dólares la hora, has regulado tu termostato con esa cantidad y no vas a ganar más. Si esperas tener ahorrado 50 mil dólares para tu retiro, aunque te caigan millones del cielo, de alguna forma los gastarás para mantener esa temperatura monetaria que habías fijado.

Hay estudios que demuestran que no importa cuántos millones ganen los jugadores de lotería, la mayoría regresan a su condición original de pobreza. Así mismo ocurre con aquellos que construyen fortunas por ellos mismos: cuando las pierden, las vuelven a recuperar y regresan a su estado original de riqueza ya que su termostato estaba regulado a una temperatura millonaria.

Las personas que poseen riquezas tienen una forma de pensar completamente opuesta a aquellos que carecen de abundancia monetaria. La diferencia entre ellos es su nivel de expectativas.

UN EXPERIMENTO REVELADOR

En los años setenta, el profesor Lawrence E. Fouraker, de la Universidad de Harvard, hizo un experimento que demostró la veracidad de la Ley de las Expectativas. Invitó a participar a cientos de individuos: unos eran expertos negociadores y otros eran novatos.

Fouraker dividió un salón con una pared a la que le abrió un pequeño hueco en el medio. Puso un sillón en cada lado del orificio y sentó a dos personas para que negociaran sin verse las caras. Les dijo: "Aquí tienen un billete de 10 dólares que necesito que se lo dividan. Durante esta negociación van a escribir en un papel sus ofertas y demandas, y se las van a intercambiar de un lado a otro. Quiero saber con cuánto dinero queda cada uno".

Los participantes comenzaron a pasarse papelitos con la cantidad que deseaban obtener. De repente, en medio de la prueba, el doctor Fouraker se acercó a los individuos que estaban sentados en el lado derecho del salón y discretamente les dijo: "No se por qué, pero los que negocian en este lado de la pared siempre terminan con $2.50". Después pasó al lado izquierdo de la habitación y dijo: "No se por qué, pero los que negocian en este lado siempre quedan con $7.50".

Las palabras del doctor no eran ciertas, eran parte del experimento. Realmente no había ninguna razón lógica para que se dieran esos resultados. Lo más justo era que cada persona acabara con cinco dólares ya que estaban negociando un billete de diez, pero esto no fue lo que sucedió.

¿Con cuánto crees que quedó cada persona? Creo que ya sospechas. Los que negociaron en el lado derecho acabaron con $2.50 y los del lado izquierdo con $7.50. ¡Sorprendente! ¿Cierto?

Cada individuo obtuvo de acuerdo al nivel de expectativas que se había impuesto a sí mismo antes de empezar la negociación. Una vez más se comprobó que quien espera poco obtiene poco y quien espera mucho obtiene mucho. Como me dijo el doctor Karrass: "Esto aplica tanto en los negocios como en el amor".

Es por esto que una mujer con expectativas de encontrar a un hombre elegante, educado, trabajador, sin vicios, romántico, espléndido, responsable, fiel y sobre todo, ¡buen amante!, seguramente acabará con un mejor partido que aquella que dice: "Yo espero poder conseguir un hombre que no sea borracho y no esté casado".

De igual manera, si tus aspiraciones en la vida son tener tu propio negocio y ganar mucho dinero, seguramente vas a llegar mucho más lejos que quien está esperando encontrar un trabajito que apenas le dé para cubrir sus gastos.

Así mismo, si vas a hacer un negocio de inversión, tendrás más posibilidades de obtener una buena ganancia si piensas: "¡Voy a ganar mucho dinero en este negocio!", que si dices: "Ojalá pudiera ganar algún dinerito en este negocio". La primera frase expresa expectativas más altas que la segunda, y por ende más posibilidades de triunfar.

Héroes de las expectativas

A continuación quiero compartir las historias de tres individuos famosos que alcanzaron metas exuberantes en sus vidas. Ellos tienen tres cosas en común: provenían de familias de escasos recursos, vivieron una infancia muy difícil y tenían un nivel de aspiraciones muy alto.

Cada uno consiguió lo que deseaba y ¡hasta más! El primero era un actor que estaba muriéndose de hambre; el segundo era una niña huérfana y con una enfermedad crónica; y el tercero era un humilde marinero.

El actor

Increíble, pero uno de los comediantes más taquilleros de Hollywood ni siquiera acabó el colegio, ganaba su sustento en una fábrica de neumáticos y su familia sufrió extrema pobreza; a tal punto que tenían que dormir en carpas en el patio de la casa de algún pariente.

Estoy contándote de Jim Carrey, quien llegó desde Canadá a California motivado por sus ganas de triunfar. Su única experiencia en el campo del entretenimiento era como comediante ante sus amigos del colegio y como payaso de cabaret en Ontario, su ciudad natal, donde imitaba a artistas como Elvis Presley. A los 17 años continuaba su lucha por sobrevivir, ahora en la ciudad de Los Ángeles. Invertía días enteros en audiciones sin conseguir ningún rol. En varias ocasiones tuvo que dormir en su auto porque no le alcanzaba el dinero para pagar el alquiler.

Sin embargo, Carrey nunca se sintió desmotivado, de hecho, manejaba por las montañas de Hollywood admirando las mansiones y pensaba: "¡Algún día voy a ser un actor famoso y me voy a comprar una de estas casas!" Para muchos, este sueño parecería imposible, y más viniendo de alguien que tenía por vivienda un auto destartalado que se estaba cayendo a pedazos.

Un día, este chiflado con altas expectativas decidió escribir un cheque con su propio nombre por la suma de 10 millones de dólares con fecha de cobro para el Día de Acción de Gracias de 1995. En la parte donde se indica el propósito del cheque escribió: "Servicios de actuación".

Milagrosamente, justo antes del Día de Acción de Gracias de 1995, consiguió el papel protagónico de la película *Dumb and Dumber* (*Dos tontos muy tontos*), una de las comedias más famosas en la industria del cine. El pago que recibió en ese año fue precisamente ¡diez millones de dólares!

Para sorpresa de los incrédulos y los que tildaron de loco, Carrey quien había pasado hambre y muchas noches deambulando, finalmente consiguió hacer el papel protagónico en algunas de las películas más taquilleras de Hollywood como *The Truman Show* (*El Show de Truman*), *Christmas Carol* (*Cuento de Navidad*) y *The Mask* (*La máscara*).

Esto no fue casualidad, ni mucho menos suerte. Desde hacía varios años Carrey ya tenía la expectativa de recibir un pago de 10 millones de dólares. Este actor canadiense recibió en su vida de acuerdo con lo que esperaba.

LA NIÑA HUÉRFANA

¿Alguna vez has visto una serie de televisión con tanto interés que te quedas embelesado frente a la pantalla, de tal forma que sientes en carne propia lo que está viviendo uno de los personajes? Esto le pasaba a una adorable chiquilla que vivía obsesionada con la serie de televisión *Perry Mason*. Este programa se desarrollaba en las cortes de los Estados Unidos donde se debatían casos policíacos de asesinatos.

Mientras miraba la televisión, esta niña pensaba: "¡Sería fabuloso trabajar en una corte!"

Lo interesante es que su fascinación no era por el abogado defensor, Perry Mason, sino por el juez que se sentaba en el estrado. Un día ella dijo: "Yo quiero ser como ese juez, porque él es quien tiene la última palabra". Así fue como esta pequeña televidente comenzó a construir sus expectativas, indispensables para lograr el cumplimiento de su sueño.

Me refiero a la juez Sonia Sotomayor. Muchos no saben que en la vida real, ella fue protagonista de un gran drama a temprana edad. Creció en el Bronx en viviendas subsidiadas por el gobierno; su familia era de bajos recursos y experimentó discriminación racial por ser hija de padres puertorriqueños. A los ocho años algo inesperado le sucedió. Su salud empezó a decaer y los médicos descubrieron que padecía de una enfermedad crónica y muy grave. Fue diagnosticada con diabetes tipo 1, también conocida como diabetes juvenil. Este padecimiento requiere que te inyectes insulina a diario de por vida. Este no fue el único golpe duro que Sonia recibió durante su infancia. Al siguiente año murió su padre, y esta criatura tuvo que pasar por la profunda tristeza de perder a uno de los seres más importantes de su vida.

Sin embargo, las adversidades que enfrentó no bajaron sus expectativas de ser juez. Trabajó duro para lograrlo. En 1976 ganó una beca para estudiar en la Universidad de Princeton, donde se graduó con los más altos honores que un estudiante pueda recibir. Después fue a la prestigiosa Escuela de Derecho de la Universidad de Yale. Pronto empezó a ejercer su profesión. Su agudeza, profesionalismo, integridad y su gran corazón hicieron que poco a poco su nombre empezara a sonar. En 1991 fue nominada por el presidente George Bush para un cargo en la Corte del Distrito Sur de

Nueva York. Sonia era la juez más joven del lugar y la primera juez federal hispana en el estado de Nueva York.

Ya había alcanzado grandes metas, pero el esplendor de su carrera ocurrió el 26 de mayo de 2009 cuando el presidente Barack Obama la nominó para ser Juez Asociada de la Corte Suprema. Este es el cargo más importante del sistema de justicia de los Estados Unidos. Únicamente nueve eminencias llegan a este escaño, y quienes lo logran tienen el privilegio de permanecer allí de por vida. Sonia Sotomayor es la primera mujer hispana que escaló hasta la cima del poder judicial de los Estados Unidos.

Tal vez ella nunca imaginó que un día llegaría a ocupar un puesto de mucho más poder que el que tenía el juez de la serie *Perry Mason*, a quien ella tanto admiraba.

No me sorprendería si algún día me encuentro en Nueva York un parque, una avenida o una biblioteca con el nombre de Sonia Sotomayor: ¡se lo merece! Esta mujer tenía más en contra que a favor para lograr sus sueños. Sin embargo, desde muy joven tuvo expectativas altas, y por eso ella recibió en su vida de acuerdo con lo que esperaba.

El marinero

Una de las travesías marítimas que cambió la historia de la humanidad tuvo como líder el hijo de un humilde vendedor de quesos. Fue un muchacho que realmente sabía poco de navegación. Este joven no tenía mucha experiencia en leer instrumentos para viajar grandes distancias en alta mar, y mucho menos en dirigir a un grupo de marineros. De hecho, antes de emprender la famosa travesía que lo haría célebre por toda la eternidad, tuvo varios naufragios. Incluso una vez, luego de uno de sus accidentes marítimos, le tocó nadar varias millas para llegar a tierra firme y salvar su vida.

¿Te imaginas cómo llegó a la orilla? Extenuado, hambriento, con una sed impresionante y, para colmo, con tremenda insolación.

Sin embargo, las expectativas de Cristóbal Colón de descubrir una nueva ruta hacia un nuevo mundo nunca naufragaron a pesar de todas las adversidades y las burlas que vivió. Uno de los retos más grandes que enfrentó fue el de conseguir el dinero para la costosa expedición que deseaba realizar. En aquellos tiempos era muy complicado encontrar un banco, y si Cristóbal Colón hubiese hallado uno, me puedo imaginar lo que batallaría para poder conseguir el préstamo. ¿Te imaginas la conversación entre el gerente del banco y este joven marinero? Yo me la imagino así:

—Veo que usted está pidiendo una cantidad exorbitante de dinero. Permítame preguntarle, ¿para qué quiere tanta plata?

—Quiero encontrar un atajo para llegar a la India. Para eso necesito tres barcos, y ya les tengo hasta los nombres: ¡la *Pinta*, la *Niña* y la *Santa María!*

—A ver mijo, ¿cuánta experiencia tienes en navegación? ¿Eres bueno?

—Sí, sí, ¡soy buenísimo! Aunque le confieso que he tenido un par de naufragios, pero le aseguro que ninguno fue mi culpa.

Seguramente, Colón tuvo que asistir a muchas citas, reuniones, almuerzos, cenas y fiestas con gente rica, influyente y poderosa antes de que la reina Isabel y el rey Fernando lo atendieran.

Los historiadores no han podido establecer exactamente cómo fue la negociación entre el futuro almirante Colón y los Reyes de España, pero supongo que fue algo así:

—Su Majestad, necesito que me preste un dinerito porque quiero descubrir una nueva ruta hacia Oriente. Yo se lo voy a pagar más adelante con toda la mercancía, especias, oro y perfumes que voy a traer cuando regrese. Pero si quiere, nos volvemos socios y dividimos las ganancias.

—Esta es una hazaña muy peligrosa, mijo. Acuérdate que el mundo es plano, y al final del océano hay un gran abismo.

—No, Su Majestad, ¡esa información es errónea, se lo juro! Una vez que encuentre la ruta comprobaré que el mundo es redondo. ¡Desde los siete años tengo el sueño de hacer este viaje!

—¡Deja de decir que el mundo es redondo!, no ves que la gente dice que estás loco. Te voy a ser muy sincera, yo también pienso que estás chiflado. Sin embargo, admiro tanto tu pasión y tus altas expectativas que ¡voy a financiar tu expedición!

Así fue como este humilde italiano se embarcó en la trayectoria que cambiaría la historia del planeta y se convirtió en el primer hombre en establecer un camino de ida y vuelta a través del Océano Atlántico. Hoy en día, después de quinientos años, todavía se utiliza la misma ruta que él descubrió.

Cristóbal Colón recibió en su vida de acuerdo a lo que esperaba, al igual que Jim Carrey, Sonia Sotomayor y ¡todos lo que tienen altas expectativas!

MIRA PARA ARRIBA

Para que logres tus objetivos, tus expectativas deben ser tan convincentes como las de una madre que tiene nueve meses de embarazo y no le cabe duda de que en cualquier momento su bebé va a nacer. Por lo tanto, anticipa, y espera con certeza, la llegada de su hijo.

Ahora quiero que te imagines que estás en un parque cerca de tu casa. Te encuentras sentado en un banco. Disfrutas viendo la gente pasar y los niños jugar. Hay un sol radiante, una brisa refrescante. De repente, miras al cielo y te das cuenta que viene un paracaídas de muchos colores descendiendo lentamente. Te asombras porque ves que el paracaidista viene en dirección hacia el lugar donde tú estás. No puedes despegarle la vista. Mientras más se acerca, más te emocionas. ¡Anticipas el aterrizaje en cualquier momento! Lo ves venir y lo esperas.

¡Alto! ¡*Stop!* Si puedes imaginar esta escena del parque, entonces puedes entender la anticipación y expectativa que debes tener antes de entrar a una negociación. Esa sensación de convicción, de que algo emocionante viene hacia ti, es la que debes tener antes de comenzar cualquier negociación. De la misma manera que esperabas al paracaidista sin duda de que llegaría, así mismo debe ser tu certeza ante cada negociación. Es decir, una actitud de seguridad, de que vas a obtener lo que tú quieres. Si logras sentir esta clase de expectativa, anticipación y convicción, te garantizo que te convertirás en un gran negociador.

Acuérdate, lo que posees en tu vida es un reflejo claro de tu nivel de expectativas. No importa la posición económica en la que te encuentres en este momento, ya sea que estás en bancarrota o tengas muy buenos ahorros, esto es un espejo de lo que inconscientemente has estado esperando. Así mismo sucede en el amor, independientemente de la relación que tengas, bien sea que estás contento o estás desesperado, esto es un resultado de lo que inconscientemente estabas esperando.

¡Por favor! Sube el nivel de tus expectativas para que así te llegue lo que tú quieres y mereces. La razón por la que muchos no alcanzan más éxitos es porque no se atreven a aspirar a más. No tengas miedo a soñar con metas exuberantes. ¡Tú éxito se define de acuerdo con tu nivel de expectativas!

☆ ☆ ☆ ☆ ☆ ☆

EJERCICIOS

1. ¿Cuál es tu nivel de expectativas en la vida? Antes de responder cierra este libro, acércatelo al corazón, cierra los ojos y reflexiona por un minuto. En una escala del 0 al 10, cero (0) significa "no espero lograr nada de la vida"; diez (10) significa "espero lograr todo lo que deseo en esta vida". Encierra en un círculo el número que corresponde a tu calificación.

    0   1   2   3   4   5   6   7   8   9   10

2. Escribe en qué área de tu vida deseas aumentar tus expectativas. Por ejemplo, tu relación amorosa, tu profesión, tus finanzas, tu negocio, tu salud, tu familia, tus amistades, tu entorno, etcétera.

    _____

    _____

    _____

    _____

3. Adopta la frase mágica: "Yo merezco lo mejor". Repite estas palabras muchas veces durante el día. Poco a poco se grabarán en tu mente y en tu corazón, y tus expectativas en la vida aumentarán. Escribe la frase con tu nombre cinco veces:

1. **Yo** (tu nombre)_____

_____

2. _____

3. _____

4. _____

5. _____

4. Haz una lista de todas las aspiraciones que tienes desde que eras niña/o. Incluye las que parezcan inalcanzables y que tal vez pocos conocen. Ponte creativa/o. No existen sueños locos, ¡todo es posible!

_____

_____

_____

_____

_____

_____

RECUERDA QUE:

- *Nacer y morir son las únicas cosas que no se pueden negociar. Sin embargo, todo lo que existe entre estos dos momentos, ¡sí se puede negociar!*

- *Negociar es un deporte. Si no sabes jugar algo, no querrás practicarlo, pero si no lo practicas, nunca podrás dominarlo.*

- *La Ley de las Expectativas establece que según lo que esperes, así obtendrás.*

- *Tus expectativas en la vida están en proporción directa con lo que vas a obtener. Tanto en la vida como en los negocios, quien espera poco, obtiene poco, y ¡quien espera mucho, obtiene más!*

- *Los resultados que obtengas en la vida, sean buenos o malos, dependen en gran medida de tus expectativas.*

- *Si no has alcanzado más éxitos es porque no te atreves a aspirar a más. No tengas miedo a soñar con metas exuberantes.*

- *Hay quienes, sin darse cuenta, ahuyentan el dinero de su vida porque piensan negativamente sobre él. Se consciente de que cuando hablas negativamente de algo, o lo desprecias, ¡lo espantas! Así que para atraerlo, habla bien del dinero, dale la bienvenida y trátalo bien.*

- *Las personas que poseen riquezas tienen una forma de pensar completamente opuesta a aquellos que carecen de abundancia monetaria. La diferencia entre ellos es su nivel de expectativas.*

"Según lo que esperas es lo que vas a encontrar".

Aristóteles

LO QUE APRENDÍ
DE OTRAS CULTURAS

Supongamos que escalar es tu pasión y acabas de llegar a Tokio, Japón. Estás en estas tierras extrañas porque quieres subir hasta la cima del famoso monte Fuji. Es un día de verano, el cielo está completamente azul y puedes ver en el horizonte la punta de esa montaña que siempre has anhelado escalar. ¡Lograr tu sueño está sólo a pocos kilómetros de distancia!

El único problemita es que no te acuerdas cuál es el autobús que tienes que abordar para llegar hasta allá. Se te quedó el mapa en el hotel y no tienes celular. No entiendes los letreros, y cuando te acercas a preguntarle a alguien, te responde con una expresión indescifrable que más bien parece un regaño de un guerrero samurai. Lo único que sabes decir en japonés es *sayonara* y *arigato*, que significan "adiós" y "gracias" respectivamente; así que las pocas palabras que memorizaste para poder comunicarte en este país no te sirven de nada en este preciso momento. Y para colmo, hay un fuerte olor a ajo que te tiene mareado. Te sientes desesperado y estás a punto de gritar.

Esta escena de frustración, confusión e incertidumbre, describe los sentimientos que experimenta una persona que va a negociar y no tiene idea de cómo hacerlo, o alguien que ya está sentado a la mesa de negociación tratando de cerrar un trato, pero no puede lograrlo.

Si alguna vez te has sentido así de perdido durante una negociación, te garantizo que después de analizar conmigo las siguientes tácticas de negociación que aprendí de otras culturas, te sentirás mucho más preparado y confiado a la hora de hacer un trato. Desde cómo negociar para que la niñera te cuide los hijos a un precio razonable, cómo comprar un automóvil, hasta cómo negociar con tu pareja sobre el lugar donde van a pasar la Navidad y el Año Nuevo: ¿en casa de tus papás o en la de tus suegros?

¿Cómo negocian otras culturas?

Años atrás, cuando empecé a investigar sobre el fascinante mundo de la negociación, me llamó la atención la manera tan particular de negociar de otras culturas. Piensa por ejemplo en la fama que tienen los árabes y los judíos: ¿crees que son buenos negociadores? ¡Claro que sí! Todo el mundo sabe que cuando ellos negocian la compra de un producto siempre terminan pagando menos que nadie. Así como el clima cambia de una región a otra, la manera de negociar varía de un continente a otro. Recuerdo una vez que hice un seminario en la ciudad de México y les pregunté a los participantes: ¿quiénes han negociado con personas de otras culturas? Una señora levantó la mano y me dijo con frustración: "Diariamente tengo que negociar con la gente de Monterey, ¡y son difíciles!"

Si dentro de un mismo país los estilos de negociar son diferentes, imagínate la diferencia tan grande que hay cuando se trata de países al otro lado del mundo.

Los japoneses: tienen paciencia y limitan su autoridad

Si algún día tienes que negociar con un japonés te vas a dar cuenta que nunca llega a un acuerdo rápidamente. Jamás te dirán que sí o que no en el primer encuentro. Ellos se toman su tiempo para tomar una decisión. La paciencia que los caracteriza es una virtud poderosa en la negociación.

La mentalidad de los estadounidenses es que mientras más rápido sucedan las cosas mejor, ya que quieren obtener resultados rápidamente. No es casualidad que el electrodoméstico favorito en la cocina de los Estados Unidos sea el horno de microondas. Les encantan los restaurantes de comida rápida, las sopas instantáneas, los mensajes de texto, las *express lanes* (líneas rápidas) y, por supuesto, la computadora más rápida es la de mayor demanda.

Una escena típica de un estadounidense es la siguiente: mientras desayuna lee el periódico, habla por el celular, mira las noticias, revisa sus correos electrónicos, y además se toma su pildorita para el estrés.

Los occidentales, en general, sentimos la obligación de hacer muchas cosas a la vez porque estamos influenciados por la idea de: *Time is money* (el tiempo es dinero). Los japoneses, en cambio, están influenciados por la filosofía Zen que dice "una cosa a la vez". Es decir, para los asiáticos el tiempo que tome una negociación es una garantía para obtener mayores beneficios y más satisfacción.

En el mundo de los negocios, los vendedores que tienen la virtud de la paciencia hacen que el comprador se sienta más cómodo y entusiasmado en adquirir su producto. Un vendedor impaciente es percibido como alguien ansioso y hasta ventajoso. Cuando tienes paciencia y no apuras a otros a tomar una decisión, envías el mensaje de ser una persona que le va muy bien en los negocios. De hecho, cuando te tomas el tiempo para conversar, y haces muchas preguntas, el comprador recibe el mensaje de que en vez de venderle, tu propósito es ayudarle.

Esta táctica japonesa también aplica en el amor. Conozco mujeres que apenas acaban de conocer a un hombre y ya lo ven rápidamente como su futuro esposo. Algunas cometen la locura de decir en la primera cita: "Te confieso que mi sueño más grande es casarme y tener muchos hijos". ¡Error garrafal! Cuando alguien capta que tienes prisa por atraparlo, huye en dirección opuesta.

Así como un vendedor relajado transmite el mensaje de que muchas personas están interesadas en su producto y esto hace su mercancía más apetecible, una mujer que actúa con indiferencia transmite el mensaje de que hay muchos prospectos interesados en sus atributos y esto la hace más deseable. Así que aprende de los japoneses, no te aceleres ¡toma las cosas con calma!

Otra característica de los japoneses es su capacidad para limitar su autoridad.

Cuando negocian siempre dicen: "Discúlpeme, no tengo la autoridad para tomar esta decisión, tengo que consultarlo". Entonces, cuando le preguntas quién tiene la autoridad para hacerlo, nunca revelan quién realmente tiene la última palabra. Generalmente las decisiones no las hace una sola persona, son tomadas en un comité de muchas opiniones.

Tal vez te preguntas cuál es el beneficio de decir: "Yo no soy el jefe, yo no decido". Te voy a explicar dos beneficios que obtienes cuando limitas tu autoridad en una negociación.

1) **Te hace quedar como bondadoso, cómplice o amigo.** Supongamos que un cliente te pide un descuento especial, y tú se lo puedes otorgar pero eso significaría que vas a obtener una comisión menor. Por eso te conviene decirle: "Quisiera darle lo que me pide, pero el jefe me regañaría". En ese momento, tu jefe se convierte en el villano y sales airoso.

En mi carrera como motivadora, he tenido que lidiar con este tipo de situaciones muchas veces. Una vez me invitaron a un evento de los medios de comunicación en Nueva York. Allí se me acercó un hombre muy atractivo e interesante con una sonrisa pícara. Me saludó efusivamente como si me conociera desde hace años.

—María, te tengo una propuesta que te va a encantar —me dijo emocionado.

—¿De qué se trata? —pregunté curiosa, ya que siempre estoy dispuesta a escuchar cualquier oferta aunque no sepa quién es el que la hace.

—Queremos hacerte una entrevista picante y que tú seas la portada de la edición de abril. Nos gustaría hacerte unas fotos un poco atrevidas para que los lectores puedan ver a esa María Marín que nadie conoce.

Me quedé muda. En es ese momento caí en cuenta que era el editor de una revista de poca monta dedicada a publicar escándalos de la farándula. Y poniendo su mano en mi hombro, como si fuéramos íntimos amigos, agregó:

—¿No te parece fantástico? ¿Cuándo nos reunimos para coordinar todos los detalles?

Lo primero que me vino a la mente fue una imagen mía en medio de una playa con un bikini estampado con amapolas amarillas y una piña colada en la mano. ¡Qué chistoso! Tuve que aguantar la risa.

En aquel momento pude haberle dicho a este señor: "¿¡Está chiflado!? ¡Ni loca salgo en una revista que pretende usar mi imagen para promover sus chismes! Su publicación tiene un mensaje completamente opuesto al que yo le entrego a mi público". Sin embargo, para no ofenderlo o crear fricción, usé la táctica japonesa y le dije: "Me siento halagada con su propuesta pero mi representante me mataría si acepto fotografiarme de esa forma. Así que no voy a poder hacerlo".

Otras frases que puedes utilizar en situaciones donde es conveniente limitar tu autoridad para no tener que ceder y salir airoso son: "quisiera ayudarlo pero la política de la compañía no me lo permite", "el supervisor no se encuentra en este momento", "mi mamá no me deja", "a mi socio no le gustaría eso", "tengo que consultarlo con mi familia".

Para evitar fricción con los hijos, hay padres que utilizan esta táctica. Por ejemplo, cuando la niña pregunta: "Papá ¿puedo quedarme a dormir en casa de mi amiguita?" Él responde: "Me parece fantástico que pases tiempo con tu amiga, pero pregúntale a tu mamá, que ella es quien da este tipo de permisos". Entonces, si la madre dice que no, el padre queda como el amigo y la mamá como la villana.

A la hora de negociar con los hijos es importante que los padres hagan como los japoneses: escuchen las propuestas, tengan paciencia y tomen la decisión en equipo. No es muy común ver esta dinámica entre padres divorciados, donde la autoridad parece una pelota de tenis pasando de un lado a otro.

2) **Te das tiempo para pensar.** ¿Cuántas decisiones en tu vida has tomado a las carreras y luego te lamentas? La mayoría de las veces que haces algo apresurado, seguro terminas cometiendo errores. Mi abuelita decía "vísteme despacio que voy de prisa". En negociación, cuando te aceleras para tomar decisiones, generalmente terminas arrepentido o pagando de más.

Digamos que vas a remodelar tu cocina. El contratista se reúne contigo, y luego de tomar las medidas y calcular los materiales que se van a necesitar, te dice:

—El costo para remodelar su cocina será de 15 mil dólares, pero como usted me cae bien, voy a ser una excepción y le voy a dar gratis la madera para los gabinetes, pero para hacerle este regalito me tiene que pagar la mitad hoy mismo.

En ese instante sientes la presión de tomar una decisión pero no sabes qué decirle porque quieres tener otras cotizaciones y averiguar si en otro lado puedes conseguir un mejor precio. Así que inspirada en los japoneses le dices:

—Necesito consultar con mi esposo para tomar este tipo de decisiones, así que por favor deme un par de días.

Al contratista no le quedará más remedio que darte tiempo y tú te beneficias porque puedes investigar otras opciones.

Nunca te sientas presionado a dar una respuesta cuando no estás listo para hacerlo. Una fecha límite también se puede negociar. Como dice el dicho: ¡del afán sólo queda el cansancio! Recuerda que en una negociación ambas partes quieren llegar a un acuerdo, y si tú no tienes la autoridad para cerrarlo, entonces la otra parte se ve forzada a concederte lo que tú pides para poder concluir el trato.

LOS FRANCESES: SIEMPRE PIDEN ALGO A CAMBIO

La manera de negociar en Francia me enseñó que cuando cedes en una negociación siempre debes pedir algo a cambio. Aunque no lo creas, la otra persona queda más satisfecha si lo haces. Te voy a contar una historia que ilustra esto.

Mi sobrinito cumplía ocho años y de regalo quise darle unas clases privadas de piano. Una amiga me recomendó una maestra francesa que ella conocía.

Fui a su estudio para conocerla. Me abrió la puerta una mujer esbelta y elegante que me recordó a la diseñadora Coco Chanel. Me invitó a pasar y me sorprendí por la decoración tan estrambótica de su casa. El sofá estampado de tigre, la alfombra parecía la piel de un leopardo y las patas de la mesa de centro simulaban las de un rinoceronte. Me sentí como en medio de la jungla africana. De pronto, al final del salón, junto a la ventana, observé su hermoso piano de cola blanco. Entonces, teniendo en cuenta que es muy bueno romper el hielo con un halago, le dije:

—Veronique, que buen gusto tiene, que casa tan bonita.

—Gracias, colecciono piezas africanas desde hace muchos años cuando me invitaron a dar un concierto en la República del Congo y quedé fascinada con esa cultura —dijo orgullosa con un acento francés muy marcado.

—Me han dicho que usted se especializa en enseñar a niños a tocar piano, y estoy interesada en que mi sobrinito aprenda —dije para comenzar la negociación.

—Sí, me especializo en enseñarle a niños menores de 12 años, y cobro 120 dólares la hora —explicó.

Cuando escuché el precio, por poco me da un ataque al corazón; no me caí de espaldas porque estaba sentada en el lomo de un tigre. Pensé: "¡Quién rayos cree esta señora que es para cobrar semejante barbaridad! ¡Ni que fuera el ilustre argentino Raúl Di Blasio!" No pude disimular mi agitación.

—¿¡120 dólares!? —gruñí incrédula. Pensé que tal vez había escuchado mal debido a las diferencias del lenguaje.

—Así es, yo cobro 120 dólares por cada clase de una hora —respondió serenamente como si no le hubiera afectado en lo más mínimo el grito que pegué.

—Veronique, ¿cómo es posible que cobre tanto? ¡Estamos hablando de enseñarle a un chiquillo de ocho años! —expuse alterada, tratando de hacerla razonar.

—Los padres de mis estudiantes están extremadamente satisfechos con mi labor y usted misma les puede preguntar. Yo soy la mejor maestra que usted va a encontrar para su sobrino. Me gradué con honores del Conservatorio Nacional Superior de Música y Danza de París y me especializo en niños. De hecho, la mayoría de mis alumnos se convierten en concertistas. Tengo demasiados alumnos, y para serle sincera, en este momento hay tres personas esperando. Si usted no se decide, el cupo será para uno de ellos.

—El problema es que ese precio está fuera de mi presupuesto, por favor ayúdeme —se lo pedí casi rogando.

Veronique se levantó, me pidió unos minutos para pensarlo y se fue a la cocina. Cuando regresó me dijo con firmeza:

—De la única manera que puedo hacerle un descuento de 15 dólares es si usted me paga por adelantado seis meses de clases. La clase de Sammy será de 45 minutos los sábados a las siete de la mañana, y usted tiene que ayudarme a organizar el recital que hacemos una vez al mes.

—¡Gracias! Le agradezco su consideración —dije con una sonrisa.

La maestra me pidió a cambio de este descuento más favores que los que me hubiera pedido una organización benéfica, pero quedé contenta y saqué mi chequera. ¿Sabes por qué? Porque me demostró que su precio lo valía, y que para ella poder modificar su precio necesitaba de mi ayuda.

Hoy en día no sé si fue una táctica de Veronique decirme que tenía tres alumnos esperando para presionarme. Nunca sabré si en el momento en que se levantó para ir a la cocina fue realmente para pensar sobre el descuento o para irse a comer una galletita. Tampoco sé si es verdad que se graduó con tantos honores. Lo cierto es que su comportamiento me envió el mensaje de que para ella no era fácil darme lo que yo pedía. ¡Su discurso funcionó! Me sentí atemorizada de perder el privilegio de tener a esta eminencia como maestra de mi sobrinito. Te confieso que me pasó por la mente hasta ofrecerle un bono de 50 dólares para asegurarle el cupo a Sammy. Si Veronique me hubiera dado un descuento de 15 dólares sin pedirme nada a cambio seguramente yo hubiera pensado que podía pedirle más.

A los hispanos nos da vergüenza pedir cosas a cambio; pensamos que es de mal gusto dar y al mismo tiempo pedir. Pero cuando de negociación se trata, tienes que hacerlo. Cuando pides algo a cambio de lo que ofreces, siempre logras tres resultados:

1. **Justificas tu posición:** le das veracidad a tus argumentos.

2. **Das satisfacción:** la otra persona siente que hiciste un esfuerzo por ella.

3. **Pones un alto a tus concesiones:** el individuo se da cuenta de lo difícil que es para ti ceder, y deja de pedir.

¡Por favor, nunca se te ocurra ceder en una negociación sin antes pedir algo a cambio! Y ten presente que si negocias con un francés y te da un poquito, es porque te va a pedir un montón a cambio.

Los árabes: disfrutan el proceso de negociación y lo vuelven divertido

De los árabes aprendí que las negociaciones son, sin lugar a dudas, experiencias divertidas. Para ellos hacer un trato es uno de los retos que más disfrutan. Una negociación es como una celebración. Y si los hijos, los parientes, la esposa o los amigos vienen a interrumpir, ¡no hay problema! En cambio, los que nacimos en el continente americano tomamos la negociación muy seriamente.

A lo mejor quieres negociar tu sueldo, un ascenso en tu empresa o vender tu casa, y en vez de tomarlo como una aventura excitante, te desvelas por varias noches como si tu vida dependiera de cerrar ese trato.

Otro de nuestros miedos, que los árabes no tienen, es el terror a que ocurra un estancamiento en la negociación, es decir, no poder llegar a ningún acuerdo. Por ejemplo, si eres vendedor y tu cliente se retira, piensas: "¡Fracasé!" Sin embargo, para ellos un *no* puede ser el principio de esa negociación.

Estoy segura que en algún momento has estado en un mercado callejero y has tenido la experiencia de negociar con un árabe. A mí me sucedió un día que fui de compras al famoso Callejón, en Los Ángeles, California, donde hay cientos de locales con toldos y encuentras desde una aguja hasta un traje de novia. Me llamó la atención un tapete rojo.

—¿Cuánto vale este tapete? —le pregunté al vendedor, quien lucía un turbante en la cabeza.

—Déjeme y le muestro todos los colores que tengo en ese estilo —me dijo con un acento chistoso, tratando de evadir mi pregunta.

—Ése es el que me gusta, el color es perfecto, no tiene que mostrarme ningún otro —le expliqué mientras él insistía en sacar otras alfombras. Y agregué—: dígame el precio, que tengo prisa.

—Para usted, yo voy a hacer una excepción y sólo le va a costar 700 dólares.

—¡¿700 dólares ese tapete?! —exclamé atónita, y seguí caminando.

Este estancamiento no detuvo la negociación. ¡Esto fue sólo el principio! El árabe me persiguió toda la tarde por el Callejón. Me sorprendió varias veces cuando aparecía de la nada en medio de otra tienda a rogarme que volviera a su toldo, y cada vez me ofrecía un precio más bajo. Finalmente, cuando me subí al auto, mi amigo del turbante apareció súbitamente como el conejo que salta del sombrero de un mago. Tocó en mi ventana con una mano y con la otra sujetaba el tapete.

—¡Lléveselo por 150 dólares! —dijo emocionado, como si me estuviera vendiendo la alfombra mágica de Aladino.

Me carcajeé, encendí el auto y mientras me alejaba lo vi por el espejo retrovisor. Movía el tapete de un lado a otro como si fuera una bandera, mientras sonreía como un niño.

Los árabes disfrutan este proceso de reabrir las negociaciones una y otra vez, y lo han practicado durante miles de años en mercados de todo el mundo. Están acostumbrados a que si no llegan a un acuerdo contigo hoy, quizás será mañana, el mes que viene o tal vez nunca. Ellos piensan que no hay que preocuparse, después todo, es la voluntad de Alá.

No percibas la negociación como una competencia donde se va a ganar o a perder. Más bien, tómala como una situación en la que vas a explorar muchas posibilidades. ¡Deja el drama! Aprende a negociar sin angustias, y siempre con una actitud divertida, relajada y espontánea, así como lo hacen los árabes.

LOS RUSOS: CEDEN POQUITO Y CON CAUTELA

En otras culturas, como las nórdicas, son muy cuidadosos cuando de ceder se trata. Lo piensan con mucha cautela antes de darte algo. Además, se aseguran de negociar en un lugar apropiado para poder estar concentrados. Por el contrario, los hispanos concedemos mucho más y muy rápido. Tendemos a ser generosos porque eso nos hace sentir que somos acaudalados, complacientes y buena gente. Y en cuanto a la mesa de negociación, preferimos que esté en medio de una fiesta, y si se está brindando, ¡aún mejor!

El estilo que nosotros tenemos de ceder se asemeja a un juego de ping-pong: tú me das y yo te doy. Si me das uno te doy uno, si me das dos, te doy dos. Generalmente intentamos igualar lo que el otro cede debido a nuestro sentido de la justicia. Sin embargo, los rusos toman una actitud completamente diferente: si tú les cedes cinco, ellos te ceden únicamente dos; y si tú les cedes dos, ellos sólo te ceden uno.

Cuando complaces y das lo que te piden rápidamente, otros suponen que tienes mucho más para dar. Por eso, cuando le cedes a un ruso, en vez de devolverte algo a cambio, él se queda calladito y quietecito para ver si tú le continúas entregando más y más. De esta manera también puede descubrir cuán desesperado estás por llegar a un acuerdo final. Esta táctica que ellos usan, de dar poquito y cautelosamente, tiene como propósito bajar tus expectativas y enviarte el mensaje de: "¡no pidas más, no molestes más, porque no vas a obtener nada más!"

Una vez presencié la aventura de negociar con una rusa. En esa época trabajaba con mi tío Rubén y fui a acompañarlo a ver unas oficinas que necesitaba alquilar para su negocio, que cada vez crecía más. La dueña del edificio donde queríamos alquilar las oficinas, era una anciana de baja estatura y con tantas arrugas que parecía una ciruelita. Esta viejita encorvada que aparentaba ser indefensa era muy buena negociadora. Cuando terminamos de revisar los locales, nos invitó a pasar a su oficina.

—¿Les gustaron las oficinas? —preguntó la señora Enescu mientras se sentaba en una silla que la hacía verse mucho más alta de lo que realmente era.

—Sí, ¡por supuesto que nos gustaron!, pero antes de alquilarle las oficinas me gustaría que revise esta lista de varias cosas que quiero pedirle —explicó mi tío.

—¿Una lista? —dijo sorprendida— ¿Cuántas cosas hay en esa lista? —preguntó.

—Son diez cositas —expliqué yo.

—¿Diez cosas? —gritó como si se hubiera pegado con la esquina del mueble en la pantorrilla, y luego dijo acalorada—: A ver, cuéntenme, ¿qué dice esa lista?

—Primero, necesitamos que pinte las oficinas —expresó mi tío con mucha cortesía.

—¿Le parece que las paredes están muy desteñidas? ¡Que raro, las pintamos hace tan sólo cinco años atrás! —nos contó.

—Señora Enescu, necesito que las paredes luzcan como nuevas; entienda que van a venir muchos clientes —explicó mi tío con mucho respeto.

—Permítame un momento —la anciana se puso de pie y caminó lentamente hacia un fichero, abrió la gaveta cuidadosamente y, aparentemente, empezó a buscar un expediente. Tardó como cinco minutos en encontrarlo, y finalmente cuando lo sacó, se le cayó al piso y volaron los papeles por todos lados. Mi tío y yo la ayudamos a recogerlos y ella volvió a su escritorio para ordenarlos uno a uno.

Después de unos minutos caminó nuevamente hacia otro armario de donde sacó una máquina de sumar antigua, marca Olivetti. Esa reliquia debía pesar toneladas, pero sin hacer mucho esfuerzo la cargó como si fuera una máquina de cartón y la colocó sobre su escritorio. Entonces, delicadamente ajustó el papel en el rodillo de la máquina. Se puso unas gafas para leer que parecían más bien unas lupas. Con absoluta concentración y en profundo silencio, hizo varias operaciones matemáticas por más de 15 minutos. Mi tío y yo empezábamos a desesperarnos. De pronto arrancó la hoja, la miró detenidamente, la puso sobre el escritorio y dijo:

—¡Buena noticia! Parece que sí les voy a poder pintar las oficinas.

Suspiramos de alivio después de tanta espera. Entonces mi tío le pidió que continuara revisando la lista. En voz alta leyó: "Número dos: más espacios en el estacionamiento". Apartó la vista del papel y explicó :

—Para proporcionales esto debo ir al edificio de al lado, donde está el gerente de estacionamientos. Les pido disculpas pero me tendrán que esperar mientras camino hasta allá para hablar de esto con él.

—¿No habrá un teléfono celular o algún otro medio donde usted lo pueda localizar y no tenga que ir hasta allá? —preguntó mi tío afanado, porque teníamos que irnos.

—El gerente está en su hora de almuerzo y tengo que ir hacia el área donde ellos toman su descanso; allá no hay teléfono y a esta hora el gerente no carga su celular.

La señora salió de la oficina y mi tío y yo nos quedamos mirándonos sin saber qué decir. Mi tío salió detrás de ella y le dijo:

—Permítame que la acompañe hasta allá.

—No se afane, señor, tome asiento que ya mismo regreso.

Sin exagerar, estuvimos más de 45 minutos esperando a que regresara la viejita con una respuesta. La impaciencia nos estaba desgastando cuando de repente entró por la puerta la señora Enescu.

—Esto sí que fue muy difícil de conseguir. ¡Pero lo logré! —dijo con cara de picardía.

Después de gastar dos horas en la oficina de la señora Enescu y tan sólo lograr dos de las peticiones. ¿Hasta qué número crees que llegamos en la lista? ¡Hasta el dos! Mi tío y yo no tuvimos la paciencia para soportar la manera de ceder de la señora Enescu.

Esta viejita indefensa sabía muy bien que cuando cedes lentamente evitas que la contraparte te pida más. Imagínate qué hubiera pasado si al mostrarle la lista, la señora Enescu hubiera dicho:

—Uno: pintar las oficinas ¡Claro! Dos: más estacionamientos, ¡por supuesto! Tres: arreglar las chapas de las puertas, ¡con mucho gusto! Cinco: limpiar las ventanas ¡cómo no! Seis: cambiar el piso de la entrada, ¡fácil! Siete: incluir la limpieza semanal, ¡no hay problema! Señor Rubén, después de todo, cuando yo digo rana, mis muchachos saltan. —A este ritmo, hubiéramos llegado al número 10 tan rápidamente que nos hubiéramos atrevido a pedir algo más.

Más tarde me dí cuenta que esta señora utilizó dos tácticas muy efectivas en la negociación: tomó su tiempo y limitó su autoridad.

El matador

Al mencionar a otras culturas no estoy diciendo que sean más inteligentes, audaces o mejores negociadores que tú o yo. Sencillamente quiero mostrarte que existen diversas maneras de negociar, y que hay mucho que podemos aprender de los estilos de otros. Mientras más conocimiento y preparación tengas a la hora de negociar, más oportunidades tendrás de obtener lo que quieres.

Imagínate una corrida de toros donde están frente a frente el toro y el matador. Te pregunto: ¿quién tiene más fuerza, el que tiene la capa o el que tiene los cuernos? Por supuesto, ¡el toro es el más fuerte! Ahora contéstame: ¿quién es el que generalmente gana? Obviamente ¡el matador!

Ahora analiza por qué. Porque el matador es el que viene con un plan y una estrategia. Lo mismo sucede en el mundo de los negocios: no importa lo fuerte que sea tu contrincante, si tú llegas preparado al encuentro vas a salir victorioso.

LA FORMA DE NEGOCIAR DE OTRAS CULTURAS

LOS JAPONESES: tienen paciencia y limitan su autoridad.

LOS FRANCESES: siempre piden algo a cambio.

LOS ÁRABES: disfrutan el proceso de negociación y lo vuelven divertido.

LOS RUSOS: ceden poquito y con cautela.

☆ ☆ ☆ ☆ ☆ ☆

Recuerda que:

- *Así como el clima cambia de una región a otra, la manera de negociar varía de un continente a otro.*

- *Cuando tienes paciencia y no apuras a otros a tomar una decisión, envías el mensaje de ser una persona a la que le va muy bien en los negocios. De hecho, cuando te tomas el tiempo para conversar, y haces muchas preguntas, otros perciben que tu propósito es ayudarles.*

- *En negociación, cuando te aceleras para tomar decisiones, generalmente terminas arrepentido o pagando más.*

- *Si te encuentras en una situación incómoda en la que alguien te pide algo que no puedes ceder, haz como los japoneses: limita tu autoridad, utiliza las palabras "No tengo la autoridad para hacer eso".*

- *Cuando cedas en una negociación, siempre debes pedir algo a cambio. Cuando haces esto, la otra persona queda más satisfecha.*

- *No percibas la negociación como una competencia donde se va a ganar o a perder. Más bien tómala como una situación en la que vas a explorar muchas posibilidades. Aprende a negociar como lo hacen los árabes: siempre con una actitud divertida, relajada y espontánea.*

- *Cuando negocies, actúa como los rusos: da poquito y cautelosamente; de esta forma bajas las expectativas de los otros y envías el mensaje de "¡no pidas más, no molestes más, porque no vas a obtener nada más!"*

- *Ahora que ya le dimos una vuelta al mundo, ponte cómodo y prepárate porque lo que estás a punto de aprender te convertirá en un experto negociador. En los próximos capítulos voy a enseñarte las Siete Maravillas de la Negociación. Estas son siete reglas que te garantizan convencer a cualquiera de lo que quieras, ya sea que vayas a negociar en el campo laboral, familiar o amoroso.*

"Todas las personas, independientemente de la cultura, tienen las mismas necesidades humanas".
Bronislaw Malinowski

SEGUNDA PARTE

Regla #1:
Pide más, espera más y obtendrás más

Después de leer este capítulo te vas a sentir como el viajero que llega a la cima de la montaña más alta y clava una enorme bandera que dice: ¡Lo logré! Te voy a llevar por un viaje lleno de historias que forjan el camino que recorre un excelente negociador.

A través de mi experiencia y las experiencias de otros, aprenderás la estrategia más poderosa de negociación. Te vas a identificar con las anécdotas que vas a leer y te darás cuenta de los errores que has cometido y los que puedes evitar cuando negocias.

Voy a darte todas las herramientas necesarias para que obtengas todo lo que pides y mereces. Quiero que te des cuenta que tú tienes todas las capacidades para negociar, ¡sólo tienes que conocer las reglas!

Imagínate que conseguiste un buen trabajo donde vas a poder usar todos tus talentos. Lo único es que requiere que te mudes a Miami. No te molesta la idea porque te encanta el clima de la Florida y te caen bien los cubanos. Te vas a ganar un buen sueldo, así que tienes lo suficiente para comprar tu propia casa. ¡Ya no tienes que alquilar más! De acuerdo a tus ingresos has calculado que tienes un presupuesto de 200 mil dólares para esta vivienda.

Tu jefe te envía un fin de semana a la Florida para que te familiarices con tu nuevo entorno. Una vez que llegas a Miami decides encontrar la casa en la que vas a vivir. Revisas el periódico y encuentras el anuncio de una vivienda que tiene las comodidades que estás buscando, y lo que piden por esta propiedad coincide con el presupuesto de 200 mil dólares que tienes.

A la mañana siguiente te subes con tu pareja al auto que alquilaste. Empiezas a manejar y te acercas al vecindario donde está la casa. Te asombras y dices: "¡que área tan bonita!", y sigues manejando. Volteas a la derecha y te das cuenta que estás en la calle Palmer y piensas: "¡esta calle es como de película! Y tu pareja te dice: "Mi amor, la dirección que buscamos es 344 Palmer Street". Entonces disminuyes la velocidad y pasas frente a la 340 Palmer Street, admiras la casa y continúas, te palpita el corazón, tu casa se aproxima. ¡Y por fin aparece… 344!

Al ver semejante casa, con duda preguntas: "Mi corazón, ¿estás segura que esta es la casa que buscamos?" "Sí, ahí dice 344, ¡ésta es!" Y expresas con asombro: "¡Por Dios! ¡Qué belleza de casa!"

Estacionas tu auto y por unos instantes te detienes a contemplar tu futuro hogar. Empiezas a caminar hacia la puerta principal mientras admiras unas hermosas palmeras que quedan a los lados de la entrada. Tocas el timbre y te abre el dueño. Lo primero que ves es un salón de entrada espectacular, muy amplio, con mucha luz y tiene unos ventanales enormes. Entras y puedes ver que la sala familiar tiene unas cortinas preciosas, el dueño te dice que te las puede dejar con la casa. Sigues caminando y observas que el área del comedor es grande, lo suficiente para sentar a toda tu familia. Entras a la cocina que tiene una isla en el centro con asientitos a los lados. El dueño te cuenta que la acaban de remodelar. Sigues caminando y entras al salón de estar, visualizas un gran televisor y a toda tu familia viendo películas y comiendo palomitas de maíz.

Subes al segundo piso, entras a la habitación matrimonial que es superespaciosa, caminas hasta un enorme ventanal, lo abres y respiras la brisa del Océano Atlántico. ¡Ummm…qué delicia!

De pronto, miras hacia abajo y ves un auto negro que se estaciona delante del tuyo. Un individuo alto, muy bien vestido y con un maletín en su mano, se baja del carro. Y mientras el hombre camina hacia la puerta de entrada te entran los nervios y piensas: ¡Otro comprador que viene a hacer una oferta! ¡No puede ser! ¡Voy a perder mi casa! En eso, tu pareja te grita con emoción: "¡Mi amor, mira esto: le llaman un *walking closet* porque se puede caminar, pero en éste se puede correr en patines! Es más, hasta podríamos alquilárselo a mi hermano que se quiere venir a vivir a Miami".

Corriendo, bajas las escaleras para hacerle una oferta al dueño de la casa.

¡Alto! ¡*Stop!* Antes de continuar esta escena, dime: ¿Te gustaría vivir en este lugar? ¡Sí, por supuesto! ¿Tus hijos lo disfrutarían? ¡Claro que sí! Ahora te pregunto: ¿Estarías dispuesto a ofrecer un poquito más de 200 mil dólares? Ten en cuenta que la casa te fascina y tienes miedo de perderla porque piensas que el hombre del auto negro viene a comprar esa casa.

No sé tu respuesta, pero te aseguro que muchos dirán: "Yo ofrezco 205 mil dólares con tal de no perder esta casa tan linda". Otros ofrecerían los 200 mil dólares que el señor pide por la casa. Y todos los que se consideran buenos negociadores, alegarían: "Yo ofrezco 190 mil dólares".

Conclusión: esta casa en Miami se la venderían a un hispano por un valor cercano a los 200 mil dólares. Sin embargo, te aseguro que si un judío, hindú, chino o italiano hubiera querido comprar esta casa en Florida, jamás se le hubiera ocurrido ofrecer una cantidad cercana al precio de lista. De hecho, ellos comenzarían a ofrecer la mitad. Aunque les fascinara la vivienda y tuvieran el dinero listo para pagar el precio que pedía el dueño, cada uno de ellos hubiera dicho, con mucha seguridad: "¡Todo lo que puedo ofrecer son 100 mil dólares!"

Ahora analiza lo siguiente. ¿Quién crees que pagará menos por esta casa, la persona que abre la negociación ofreciendo 190 mil dólares o quien empieza ofreciendo 100 mil dólares? ¡Obviamente el que ofrece menos!

Esto demuestra que en toda negociación siempre debes darte más margen. Es decir, de aquí en adelante, establece un rango más amplio para negociar del que estás acostumbrado. Por lo tanto, cuando vayas a comprar, ofrece mucho menos, y cuando vayas a vender, pide mucho más. Te aseguro que lo peor que puede pasar es que te digan que no y tengas que continuar negociando.

Una de las características más importantes de un buen negociador es que no tiene miedo a pedir y a exigir más. Por eso es que la regla más importante, la dorada, la número uno y la clave del éxito es: ¡Pide más, espera más y obtendrás más!

¡PIDE MÁS, ESPERA MÁS Y OBTENDRÁS MÁS!

Te repito: ¡en la vida y en los negocios, *pide más, espera más y obtendrás más!* Se ha comprobado que las personas que piden más, siempre, siempre, siempre obtienen más. Ya sea que piden un mejor salario, un mejor puesto, un mejor precio, un mejor descuento, un mejor contrato, o tal vez una mejor relación amorosa, ¡los que exigen más, siempre consiguen mejores resultados!

Y LAS MUJERES... ¿CUÁNTO PIDEN?

Al hablar de dinero, los hombres son mejor recompensados que las mujeres, es decir, consiguen mejores sueldos, más propiedades, más acciones en la bolsa de valores, y dejan herencias más cuantiosas.

Cuando se trata de asuntos domésticos que no tienen que ver con dinero, el sector femenino sigue en desventaja. Nosotras, por lo general, hacemos más trabajos que ellos y no somos bien recompensadas. Un ama de casa es el ejemplo perfecto. ¿Sabes cuánto debería ganar si cobrara por todas las tareas que realiza en su vida mientras cría a sus hijos y atiende a su marido? ¡Completaría varios millones de dólares! Te lo voy a demostrar.

Hice el siguiente cálculo basado en el salario promedio que se paga anualmente a personas que efectúan los mismos trabajos de la mujer que administra su hogar. Por ejemplo: niñera, $23,400; chofer, $35,200; enfermera, $56,000; psicóloga/terapeuta, $43,000; chef, $65,000; oficinista, $20,000; empleada doméstica, $13,000. Esto sin incluir oficios de pintora, profesora, jardinera, costurera, tutora y otros. Si multiplicamos estos sueldos por todos los años que tu mamá dedicó a la crianza de sus hijos, poseería suficiente dinero para tener una residencia de verano en Cancún y otra en el sur de Francia.

Lo que quiero demostrarte es que las mujeres están en desventaja tanto en el campo doméstico como en el laboral. Entonces, ¿por qué los hombres llevan la delantera? ¿Acaso ellos son más inteligentes y talentosos que las mujeres? ¡Claro que no! Lo que sucede es que los hombres tienen expectativas más elevadas que las nuestras y no tienen miedo a pedir. Muchos estudios lo demuestran.

La Universidad Carnegie Mellon realizó varias pruebas que determinaron que, efectivamente, las mujeres piden mucho menos que los hombres, y ésta es la razón por la que permanecen rezagadas.

Uno de estos experimentos se hizo con un grupo de estudiantes que incluía a mujeres y a hombres a quienes se les dio una descripción del tipo de trabajo que desempeñarían en una empresa luego de graduarse. Les dijeron: "Calculen que el horario de trabajo es de 45 horas semanales, tienen que contactar diariamente a 30 clientes, deben entregar un reporte diario a su jefe, participar en reuniones gerenciales y tendrán que viajar dos veces al mes". Después les preguntaron: "¿Cuánto es lo máximo que se atreven a pedir por este empleo?" Como era de esperarse, los hombres pidieron un salario mayor que el de sus compañeras.

Muchos experimentos corroboran la gran diferencia entre hombres y mujeres cuando de pedir se trata. A un grupo de jóvenes se les dio información detallada acerca de un juicio en la corte. En este caso, el demandante había sufrido daños causados en un accidente automovilístico. Se les solicitó a algunos participantes que asumieran la posición del demandante y les pidieron: "Imaginen que ustedes sufrieron los daños en un accidente atroz. ¿Por cuánto demandarían a la persona que los hirió?" ¡Nuevamente las féminas pidieron menos compensación que sus compañeros!

A las mujeres les preocupa pedir lo que quieren por temor a que otros reaccionen negativamente, tanto en los negocios románticos como en los empresariales. Es común escuchar a una dama expresar: "si pido un aumento de sueldo, mi jefe se va a enojar", "si le digo a mi pareja que me trate mejor, lo voy a incomodar", "si le pido un descuento al vendedor, tal vez lo puedo ofender", "si le digo a mi vecino que no ponga la música tan alto, no le voy a caer bien". El miedo al qué dirán o al rechazo obliga a muchas a conformarse con menos de lo que quieren, o incluso, con menos de lo que merecen. Nosotras no tenemos lo que queremos sencillamente porque no lo pedimos.

Hay un dicho en negociación que expresa: "En la vida y en los negocios, no obtienes lo que mereces, obtienes lo que negocias". Así que no puedes tener miedo a pedir más y a exigir más. La regla de oro de la negociación, pide más, espera más y obtendrás más, ¡es universal! Aplícala en todas las áreas de tu vida.

NEGOCIA CON TU MARIDO

La mayoría de mis amigas se quejan de lo mismo: "Mi marido no me ayuda con lo quehaceres del hogar". Siempre que las oigo, les digo: "¡La culpa es tuya, no sabes pedir!" La mayoría de las mujeres ¡no saben negociar con sus parejas!

¿Cuáles son las probabilidades de que tu marido, por voluntad propia, se ofrezca a lavar los platos después de que tú cocines? ¡Absolutamente ninguna! Y si hay posibilidades de que lo haga, ¡cuídalo bien! porque ese hombre es una joya en peligro de extinción. Lamentablemente son muchas las mujeres que no cuentan con el apoyo de sus parejas en las arduas labores del hogar. Te voy a mostrar cómo hacer trabajar a quien no quiere.

Si deseas que esta noche tu marido lave los trastes y limpie la cocina, no se te ocurra pedirle eso únicamente. Para lograr lo que quieres en esta negociación, tienes que exigir mucho más de lo que en realidad quieres obtener. Lo siguiente es un ejemplo de lo que debes hacer.

Recuerdo una vez que tuve un día súper ajetreado en mi trabajo. Luego de la reunión con las personas encargadas de mi página de Internet, salí corriendo para llegar a tiempo a mi casa porque le había prometido a mi marido que le iba a cocinar mi famoso pollo relleno a la jardinera con papitas guisadas al ajo. Este es uno de esos platillos que toma dos horas cocinar y seis minutos en comer. Además, por todo lo que tienes que picar, sazonar y hornear, la cocina queda echa un desastre.

Cuando acabamos de cenar, mi esposo me dio un beso de agradecimiento, se levantó de la mesa muy campante y me dejó con una torre de platos sucios. Yo estaba agotada. Soñaba con que él limpiara la cocina para yo poder darme un baño, ponerme la piyama, estirar las piernas y acostarme a ver mi serie favorita de televisión: "Amas de casa desesperadas".

Le pedí a mi esposo que me ayudara a limpiar la cocina y me dijo: "Sí, mi amorcito, después de que se acabe el juego de fútbol". No creí en sus palabras porque la última vez que me había dicho eso pasaron tres temporadas de fútbol y nunca lavó los platos. Por eso esta vez hice algo diferente.

Le pedí cariñosamente:

"Mi amorcito, sabes que he trabajado toda la semana y estoy tan extenuada. Yo quisiera que me hicieras un favorcito. Quisiera que mañana te levantes tempranito, alrededor de las 6:30 de la mañana para que recojas las hojitas del patio, le pases la aspiradora a la casa, limpies los dos baños, riegues las matas y barras la entrada de enfrente. Luego, en la tarde, vas a casa de mi abuelita Mercedes, la recoges, la llevas a almorzar y la acompañas al mercado. De regreso paras en la tienda de videos, alquilas dos películas y no se te olvide comprarme un heladito de chocolate, ¿sí?"

—¿Qué? ¡Estás loca! —vociferó de inmediato.

En ese instante, con una carita de ángel, le pedí lo que yo quería realmente:

—Bueno, mi vida, si no puedes hacer todo eso mañana, me conformo con que esta noche laves los platos.

Entonces, con la cara de alivio que pone alguien liberado de la guillotina, respondió:

—¿María, ¡por supuesto! Dime dónde están la esponja y el jabón.

En esta negociación puse en práctica la regla #1 de la negociación: "Pide más, espera más y obtendrás más". Lo maravilloso es que mi marido quedó satisfecho porque tuvo que hacer mucho menos de lo que yo le propuse; finalmente ambos logramos un buen trato.

CONVENCE A TU ESPOSA

Los hombres también se quejan de lo complicado que es convencer a una mujer de lo que ellos quieren. En una ocasión, uno de mis estudiantes se acercó y me preguntó:

—¿Sabes cuál es la diferencia entre mi esposa y un terrorista?

—¿Un terrorista y su esposa? —pregunté sonriendo y me quedé pensativa por unos segundos. Sabía que era una pregunta capciosa y le dije—: No tengo ni idea, ¿cuál es la diferencia?

—¡Que con un terrorista por lo menos se puede negociar!

Las negociaciones más difíciles para un hombre tal vez no son en la oficina, sino en la casa. Muchos se quejan de que sus mujeres no les dan la oportunidad de salir solos con sus amigos de vez en cuando y se ven obligados a escaparse. Yo les voy a enseñar a negociar con las señoras, pero antes prométanme que ¡se van a portar bien!

Una vez unos amigos invitaron a mi hermano Héctor a una fiesta. Como él es pianista y dirige una orquesta, continuamente está en bailes. Por eso, su esposa considera que Héctor ya tiene suficiente dosis de parranda semanal y no necesita ir a ninguna otra fiesta. Mi hermano me llamó a consultarme:

—María, tú eres experta en el arte de negociar, por favor ayúdame a convencer a Reina para que me deje salir con mis amigos el viernes en la noche.

—Date margen y ¡pide más! —le dije con el mismo énfasis que uso cuando estoy motivando a mi público en una tarima.

—¿Estás chiflada? Paso las penas del purgatorio para que me deje ir a la casa de la abuela los viernes por la tarde, ¡cómo pretendes que pida más! —se lamentó como si fuera un niño regañado.

Le expliqué cómo negociar su salida y esto fue lo que sucedió:

—Mi amor, ¿te acuerdas de Jaime?, mi amigo de la infancia —le preguntó Héctor a Reina mientras le servía una taza de café para suavizar el terreno.

—Ah, sí, claro que me acuerdo de él. Tenía frenos en los dientes y la piel de la cara como una mazorca.

—Sí, ese mismo. Se va a casar y quiere hacer su despedida de soltero con todos los amigos del barrio.

—¿Despedida de soltero? —preguntó como si no hubiera oído bien.

—Si, imagínate, todos los muchachos van en una limosina para Las Vegas a celebrar. Allá obviamente van a bailar, a apostar en los casinos; otros se irán a jugar a las maquinitas, querrán ver algún espectáculo, y por las noches de seguro van a ir uno de esos clubes donde están las bailarinas exóticas. A este lugar probablemente yo no iría, que no cuenten conmigo, tú sabes, tú me conoces… —explicó Héctor, haciendo una actuación digna de un Oscar y agregó—: Nos iríamos desde el viernes y regresaríamos el domingo.

Reina abrió los ojos más grandes que dos huevos fritos y dijo:

—¿Tres días en Las Vegas? ¿Bailarinas exóticas? ¿Acaso te falta un tornillo?

La cara de Reina se enrojeció y casi bota humo por los oídos. Estaba tan sulfurada como una pantera acabada de enjaular. Héctor se dio cuenta de que era el momento perfecto para apaciguar al felino y le negoció:

—¡Cálmate, mi amor! Si no te gusta la idea de que me vaya con los muchachos el fin de semana, por favor, déjame pasar un ratito con ellos el viernes en la noche antes de que se vayan para Las Vegas. ¿Te parece?

Repentinamente Reina se puso de pie, empezó a caminar y antes de llegar a la puerta de la cocina se volteó y apuntando a Héctor con el dedo índice, en tono de advertencia pero mucho más tranquila, le dijo:

—¡Asegúrate de llegar antes de las dos de la mañana! Y ¡no tomes mucho! ¿*Okay?*

Mi hermano salió triunfante, sintió como si se hubiera vuelto amigo de un feroz felino, y el viernes en la noche se fue a disfrutar con sus amigos.

PACTA CON TUS HIJOS

En mi infancia viví con mi abuelita por unos años. Con ella aprendí muchas tácticas de negociación. Mi abuela recibía mensualmente un catálogo de ofertas de productos para la mujer como ropa, maquillaje, decoración, etcétera. Religiosamente, se ponía sus lentes bifocales, se sentaba en su butaca favorita y pasaba página por página encerrando en un círculo con un marcador rojo los artículos que según ella necesitaba. Este ritual sucedía a principios de cada mes. Siempre pasaba lo mismo:

—Félix José, aquí marqué en rojo todo lo que necesito, por favor pon la orden —le mostraba con sutileza a mi abuelo.

Temeroso, él abría el catálogo como si le fuera a saltar un alacrán en la cara. Con ojos desorbitados decía:

—Mercedes, esta revista tiene más círculos rojos que un campo de tiro al blanco —y agregaba indignado—: ¡Esto suma más de 300 dólares!

Entonces, aparentando ingenuidad, decía:

—¿Tanto así? No puede ser, déjame ver.

Entonces revisaba su pedido cuidadosamente y al cabo de un rato, resignada, se acercaba a mi abuelo, le entregaba la revista y le decía:

—Tienes razón, Félix José, entonces sólo pidamos la crema para las arrugas, la blusita de flores y los aretitos para María.

—¡Ahora sí está mejor! —exclamaba mi Abuelo, relajado, al darse cuenta de que el pedido sería sólo de 50 dólares.

Con la misma perspicacia, mi abuela negociaba conmigo. Todos los días, antes de irme a la escuela, me pedía que tendiera mi cama. Y yo, todos los días, ignoraba sus palabras y me iba para la escuela sin tender la cama. Seguramente tú también les pides a tus hijos que hagan una cosa y parece que no te oyeran, que hablaras en otro idioma o que fueras invisible. Te recomiendo emplear la estrategia que mi abuela usó conmigo.

Un día, después de llegar del colegio, entré a mi habitación y vi una enorme cartulina amarilla clavada en la pared, arriba de la cabecera de mi cama. Mi abuela había escrito en letras negras una lista de las tareas que yo debía completar esa semana: La lista tenía como título: "Labores de María en la mañana antes de irse a la escuela":

1. Tender la cama

2. Doblar la piyama y guardarla

3. Colgar la toalla mojada

4. Secar el piso del baño

5. Lavar los platos sucios del desayuno

6. Poner los juguetes en su lugar

7. Poner la ropa sucia en la lavandería

8. Planchar el uniforme

9. Preparar la merienda

10. Barrer la entrada de la casa

Me horroricé ante semejante lista. Pensé: "¡Mi abuela se volvió loca! ¿Acaso cree que voy a hacer todo esto?" Con las manos en la cintura y el ceño fruncido, caminé rápido hacia la cocina, mis pisadas eran tan fuertes como las de los soldados al marchar. Me paré delante de ella y le dije:

—Abuela, si tengo que hacer todo esto, ¡jamás voy a poder llegar a tiempo a la escuela! Si quitas esa cartulina de mi cuarto, ¡me comprometo a tender mi cama todos los días!

Mi abuela sabía que cuando se trata de negociar con los hijos o los nietos, hay que darse muchísimo margen en la negociación.

NEGOCIA CON TU JEFE

Negociar con personas en cargos de poder, como por ejemplo un presidente, un gerente, un supervisor o cualquiera que tenga un puesto más alto que el tuyo, da miedo y genera mucha inseguridad. Hay dos razones principales por las que muchos no se atreven a pedir lo que quieren en el campo laboral, bien sea un aumento de sueldo, un ascenso, un permiso especial o unas vacaciones. El primer motivo que te paraliza para pedir lo que quieres es miedo a que te digan no. Y la segunda razón es el pánico a que te despidan.

Siempre hay posibilidades de que tu jefe te diga que no puede aumentarte el sueldo, y entiendo que te incomode recibir una respuesta negativa. Lo que es ilógico es pensar que por pedir un aumento de sueldo te puedan despedir. En mis años como negociadora todavía no he conocido al primero que haya perdido su empleo por insistir en una mejor paga. Te puedo asegurar que lo que va a pasar cuando pidas lo que mereces, aunque no te lo concedan, es que ¡te van a respetar más!

Antes de presentarte ante tu jefe debes estar preparado. No se te ocurra abrir la boca sin tener un plan de lo que le vas a decir. Ángela, la diseñadora encargada de actualizar mi sitio de Internet, a pesar de lo ordenada que es, se le ocurrió pedirme un aumento de sueldo sin tener un plan. Días atrás me había comentado que quería hablar conmigo muy seriamente; yo le dije que podríamos reunirnos cuando yo regresara de México. El día antes de mi viaje yo estaba muy atareada, preparándome para la conferencia que anualmente presento el Día Internacional de la Mujer en el Auditorio Nacional de la Ciudad de México, y a la que asisten aproximadamente diez mil mujeres.

De pronto sonó mi celular: era Ángela, pero no pude tomar la llamada en ese momento. Decidí llamarla al final de la tarde, cuando no estuviese tan ocupada. Había transcurrido apenas media hora cuando Ángela se presentó inesperadamente. Me sorprendí al verla porque era su día libre: vestía ropa de hacer ejercicio, sin maquillaje y algunas gotas de sudor se deslizaban por su frente.

—¿Qué haces aquí, te pasó algo? —indagué preocupada.

—Te llamé y no me contestaste —dijo molesta.

—Tú sabes que viajo mañana y ando sumamente ocupada —expliqué—. ¿Está todo bien?

—La verdad, no. Quiero hablar urgentemente contigo y necesito que sea hoy —exigió.

—¿No te acuerdas que te dije que hablaríamos cuando regresara de mi viaje? ¿No puedes esperar tres días? —pregunté un poco incómoda, mientras seguía mirando mi computador.

—Lo que voy a decirte no va a tomar mucho tiempo. Necesito un aumento de sueldo porque tengo muchos gastos, especialmente ahora que tengo que enviarles dinero a mis padres; entiende que los 15 dólares que gano por hora no me alcanzan.

—¿Cuánto quieres ganar? —pregunté para quitármela de encima y así poder continuar con mi trabajo.

—Quiero ganar 30 dólares la hora —respondió tajante.

—¿¡30 dólares!? ¿Estás bromeando? —exclamé horrorizada y continúe—. ¡En este momento te ganas 15! ¿Cómo pretendes que te suba el doble? Además yo tengo muchas consideraciones contigo, trabajas desde tu casa y tienes un horario súper flexible, y te tomas vacaciones cada vez que quieres. Cualquiera diría que yo trabajo para ti. ¡Mi respuesta a tu pedido es un rotundo no!

Ángela se sorprendió con mi actitud: nunca me había visto tan sulfurada. No se atrevió a refutarme y salió de la oficina sin decir ni una palabra. Yo estaba dispuesta a subir su salario, pero su falta de planeación y su actitud le impidieron lograr lo que quería. Ángela cometió serios errores que espero tú jamás repitas cuando negocies tu sueldo.

Te voy a explicar seis pautas que debes tener en cuenta antes de tocar la puerta de la oficina de tu jefe para pedirle un aumento de sueldo:

1. **Buena presentación.** Ángela llegó sudada, en ropa de gimnasio. Te sugiero que aunque veas a tu jefe todos los días, éste es un buen momento para mostrar tu mejor imagen. Cuando estás bien vestido inspiras respeto. Por ejemplo, si yo voy a dar una conferencia y subo al escenario vestida con unos pantalones cortos, una camisa de playa y unas chancletas, no voy a inspirar el mismo respeto que si llevo puesto un vestido elegante. Es cierto que mi mensaje para el público será el mismo, pero lamentablemente mi forma de vestir afectará la manera en que otros acepten mis palabras. Así que antes del encuentro con tu jefe, vístete apropiadamente, péinate, perfúmate y lustra bien tus zapatos. Por favor, no se te ocurra vestirte provocativamente; te

advierto que exhibir tus atributos físicos te restará puntos y te quitará seriedad.

2. **Busca el momento indicado.** Ángela llegó en el instante más inoportuno. Si tu jefe está a punto de irse a viajar o acaba de regresar de un viaje, no es un buen momento para hablar con él. Particularmente en estas dos ocasiones tiene una cantidad exorbitante de trabajo que se le ha acumulado o que tiene que hacer. Tampoco es buen momento si recientemente recibió malas noticias, si está enfermo o tiene hambre. Aprovecha las ocasiones en las que tu jefe está de buen humor porque es cuando estará más receptivo. Un momento excelente es después de que hayas hecho un buen proyecto o labor, y mejor aún si has sido reconocido por tu buen desempeño en el trabajo. Y por último, nunca te pase por la mente pedir un aumento de sueldo usando el correo electrónico. A tu jefe se le hará mucho más difícil decirte no si estás mirándole a los ojos mientras haces tu petición.

3. **Usa la palabra "merezco" en vez de "necesito".** Ángela, en vez de pedirme el aumento en reconocimiento a su labor, me lo pidió por la necesidad de cubrir sus gastos. Nunca expreses tus necesidades ni tus presiones. No andes anunciando que compraste un nuevo auto ni que tienes nuevas deudas. Esto le deja saber al jefe que estás presionado y sin dinero. Es decir, tu jefe no se sentirá obligado a darte un aumento porque sabe que necesitas el empleo y no puedes darte el lujo de renunciar. Es una buena táctica insinuar que tienes otras opciones de trabajo donde valoran tus talentos. Así que en vez de decir "necesito" un aumento, mejor di "merezco" un aumento.

4. **Haz una lista de tus logros.** Lleva contigo una carpeta bonita con un listado de todos los logros que has conseguido y las acciones meritorias que has hecho para el bien de la compañía. Éste no es el momento para ser humilde. Échate flores con mucho orgullo para que tu jefe recuerde que eres bueno y "mereces" el aumento. Demuéstrale que tú vales lo que pides.

Title: Su mejor vida ahora :
Item ID: 31994014494642
Due: 11/30/2016

Title: Pide máas, espera máas y obtendráas máas :
Item ID: 31994014714577
Due: 11/30/2016

5. **Date margen.** Define cuánto es lo mínimo que quieres aceptar. Entonces, para darte margen, vas a pedir más de lo quieres obtener. Por ejemplo, Ángela ganaba 15, hubiera sido razonable que quisiera ganar 18, para eso hubiera sido perfecto que comenzara la negociación pidiéndome 20. Al pedir 30 exageró y me espantó. ¡Ojo!, ten cuidado y no pidas algo absurdo, que sólo lograrías hacer el ridículo. Si lo que vas a negociar es un descuento en un concesionario de autos, te diría que puedes darte más margen y pedir mucho más, puesto que el vendedor no es alguien con quien tienes que lidiar diariamente; y si se ofende, peor para él porque tú puedes irte a otro concesionario. Sin embargo, cuando se trata de tu jefe, debes tener cuidado de no exagerar, pues es alguien con quien tienes una relación a largo plazo.

6. **Muestra tu mejor actuación.** Manéjate como un buen actor: aunque estés temblando por dentro, proyecta confianza en ti mismo. Evita demostrar nerviosismo o intranquilidad. No juegues con el lápiz, la libreta, ni con tu pelo, y mucho menos te comas las uñas. Esconde tus inseguridades y muestra que estás convencido de lo que mereces. En vez de decir algo como: "Yo estaba pensando que si es posible, y si a usted no le molesta, yo quisiera ganar un poquito más. Claro, considerando que esto no sea un inconveniente". Lo que debes expresar, para lucir profesional y seguro de ti mismo, es: "Una persona con mi perfil y mis capacidades gana anualmente más que yo, por lo tanto merezco ser recompensado de la misma forma". Haz contacto visual todo el tiempo y muéstrate tan fresco como una lechuga. Así como los actores saben dominar sus emociones, tú debes controlar las tuyas. Hay una emoción que es imprescindible llevar contigo cuando pidas un aumento. Esta emoción te ayuda a entrar directo al corazón de tu jefe y convertirlo en tu aliado. ¿Sabes de cuál emoción estoy hablando? ¡Pasión por tu trabajo!

Te advierto que cuando pides un aumento de sueldo corres el riesgo de que el jefe diga que no. Prepárate para escuchar unas palabras como estas: "La empresa no tiene suficiente presupuesto para dar aumentos de sueldo en este momento". No obstante, tienes derecho a preguntarle: "¿Cuándo cree que la compañía tendrá el presupuesto para aumentarle el sueldo a las personas con mayor rendimiento?" De esta forma, cuando el jefe considere aumentar sueldos o dar beneficios, tú serás el primero en la lista.

Solteras negociadoras

La razón por la que muchas mujeres acaban involucradas con alguien que no les conviene es porque se no se atreven a pedir más. Les da miedo expresar lo que realmente desean y se conforman con menos de lo que merecen por temor al rechazo o a la soledad. Es común oír frases como: "Si exijo lo que quiero puedo perderlo", "Si le digo que no me gusta como me trata se puede enojar", "Si no hago lo que dice me va a dejar".

Estoy segura de que, al igual que yo, tienes una amiga, una conocida o una pariente que está en una relación desastrosa y constantemente se queja: "Soy una buena mujer, tengo mucho que ofrecer, pero siempre acabo con un 'bueno para nada'; ¡tengo tremenda mala suerte en el amor!"

Te apuesto que si estuviéramos en un estadio lleno de mujeres y les pidiera que levanten la mano aquellas que tienen una amiga que se queja porque está en una relación con un 'bueno para nada', el 90 por ciento levantaría la mano. Y las que no la levantan, es porque están con el 'bueno para nada'.

Estas damas están en esa situación porque desde el comienzo tuvieron expectativas bajas y no pidieron lo que merecían.

Estoy segura que las mujeres lograrían tener mejores relaciones amorosas si elevaran sus expectativas y dijeran: "Yo soy una buena mujer, tengo mucho que ofrecer y por eso exijo en mi vida un hombre que sea guapo, elegante, trabajador, sin vicios, buen compañero, buen hijo; que me quiera, que me ame, que me adore, que me mime, que me trate como una reina, que sea cariñoso, romántico, esplendido, fiel, y sobre todo… ¡un buen amante!"

Me imagino que tú estarás pensando que un hombre así de perfecto no existe sobre la faz de la tierra. Tal vez estás en lo cierto, pero acuérdate que tienes que pedir todo esto para al menos ¡conseguir tres cositas!

El problema es que las mujeres piden muy poco. Conozco a una chica que una vez me espantó con su lista de requisitos para un hombre y a la vez me hizo morir de la risa:

—María, hay dos cosas que yo busco en una pareja.

—¿Sólo dos? —pregunté curiosa y comenté—: ¡Deben ser muy importantes!

—Son ¡superimportantes! Sin ellas sería imposible formalizar una relación.

—Me muero por saber, ¿cuáles son?

Y cerrando los ojos, como si fuera a pedirle un deseo a su hada madrina, me dijo:

—La primera y más importante es que el hombre esté vivo; y la segunda, que no esté casado.

Esta muchacha ¡pidió poco y recibió poco! Supongo que consiguió a un hombre vivo ¡pero casado!

PIDE Y PIDE

Nunca tengas miedo a pedir mucho más de lo que en realidad quieres conseguir. En la vida y en los negocios las personas siempre darán menos de lo que pides, así que exige más de lo que quieres. ¡Si deseas llegar a la luna, apunta a las estrellas!

Cambia la mentalidad de "¿para qué pedir más, si no lo voy a conseguir?" La razón por la cual muchos no alcanzan más éxitos es porque no exigen más y se conforman con muy poco. Una de las habilidades más importantes de un buen negociador es que se atreve a expresar sus deseos. Una vez mi abuela me preguntó: "¿Sabes lo que dicen de la gente callada?" Me quedé pensativa por unos segundos y ella rápidamente exclamó: "No dicen ¡nada!" ¡El que no pide no gana!

☆ ☆ ☆ ☆ ☆ ☆ ☆

RECUERDA QUE:

- *Siempre debes darte margen en toda negociación. Para negociar, establece un rango más amplio del que acostumbras.*

- *Una de las características más importantes de un buen negociador es que no tiene miedo a pedir y a exigir más. Por eso, ¡pide más, espera más y obtendrás más!*

- *Quienes piden más, siempre, siempre, siempre obtienen más. Ya sea que piden un mejor salario, un mejor descuento, o tal vez una mejor relación amorosa, ¡los que exigen más, siempre consiguen mejores resultados!*

- *Si deseas que esta noche tu marido lave los trastes y limpie la cocina, no se te ocurra pedirle eso únicamente. Para lograr lo que quieres, tienes que exigir mucho más de lo que en realidad quieres obtener.*

- *En la vida y en los negocios las personas siempre darán menos de lo que pides, así que exige más de lo que quieres.*

- *Una de las habilidades más importantes de un buen negociador es que se atreve a expresar sus deseos y no tiene miedo a exigir lo que merece.*

> *"En la vida, como en los negocios, no obtienes lo que mereces, ¡obtienes lo que negocias".*
> Chester L. Karrass

Regla #2
Da poquito y despacito

La satisfacción más grande para un ser humano consiste en dar. Reflexiona por unos segundos en los momentos donde más dichoso te has sentido y te garantizo que en ese instante estabas dando algo. Bien sea que dabas tu tiempo, expresabas tu amor, compartías tus conocimientos, entregabas un obsequio o usabas tus talentos, sin duda, ¡sentiste un gran placer!

El acto de dar, además de satisfacernos, engrandece y glorifica. De hecho, en nuestra cultura hispana las personas dadivosas y espléndidas son admiradas, respetadas, y a donde quiera que vayan siempre caen bien. La generosidad es una cualidad que nuestros padres nos inculcan desde pequeños. Crecemos con la idea de que mientras más demos, mejores personas somos. Sin embargo, cuando de negociar se trata, la generosidad es un arma de doble filo. En el campo de la negociación es mejor ser un poco tacaño y siempre ¡dar poquito y despacito! Esto no te hará una mala persona, más bien te convertirá en un gran negociador.

¿Cuándo es favorable ceder?

Imagínate que estás intentando cerrar un negocio y te están pidiendo algo que te parece ridículo. Tal vez esa persona quiere obtener un descuento exorbitante, a lo mejor pretende que hagas un esfuerzo descomunal o quizás te pide unas condiciones exageradas. No te conviene ceder, pero sin embargo terminas dando todo lo que te piden. ¿Por qué acabas cediendo cuando no quieres o no te conviene? Porque piensas que al darle al otro lo que pide, te va a ayudar a cerrar el trato o por lo menos a acercarte más al momento del cierre.

Es cierto que dar a otro lo que te exige puede ayudarte a cerrar un trato, pero ¡cuidado! porque también te puede alejar, e incluso hasta puedes romper la negociación.

Te voy a dar un ejemplo. Hace algunos años quería comprarle un reloj a mi papá por su cumpleaños número 60. Me encontraba en un viaje de negocios en la ciudad de Nueva York y aproveché para comprar el reloj allá puesto que en la zona occidental de Manhattan hay muchas tiendas donde puedes encontrar artículos electrónicos a muy buen precio. En esta área hay muchas tiendas con anuncios en sus vitrinas que dicen: "Venta final, nos estamos mudando", "Cierre de local, grandes rebajas", "Aproveche los precios estamos en bancarrota". Lo interesante es que si regresas a las mismas tiendas a los cinco años, leerás exactamente los mismos letreros. Tal vez los anuncios mientan o exageren, pero lo cierto es que en ese lugar se puede negociar y yo necesitaba un reloj para mi papá.

Con mis ínfulas de negociadora entré al primer local y me atendió un señor muy simpático, que por su acento y galanteo deduje que era dominicano. Le conté que buscaba un regalo y me mostró una gran variedad de modelos y marcas. Hubo uno en especial que me llamó la atención; sabía que a mi padre le iba encantar.

—¿Cuánto cuesta este reloj? —pregunté.

—Para una dama tan bonita y elegante como usted voy darle un precio especial —dijo mientras hacía cuentas en una calculadora.

—Dígame, ¿cuál es ese precio especial? —averigüé curiosa.

—Este magnífico reloj se lo voy a dejar en 300 dólares —respondió con afán, como si realmente su negocio estuviera en bancarrota o tuviera que mudarse a otro local.

El precio del reloj me pareció razonable; además estaba lista para invertir una buena cantidad de dinero en un regalo fino para mi papá. Sin embargo, mi adicción a negociar y mi costumbre de siempre de conseguir un mejor precio, me impulsaron a exclamar con toda la fuerza de mis pulmones:

—¿¡300 dólares!? ¿¡300 dólares!?

Mis números retumbaron dentro del almacén de la misma forma que suena el eco en el cañón de una montaña. El hombre quedó perplejo. Y yo, sin ningún reparo, me di la vuelta como si fuera a abandonar la tienda.

—¡Un momento, señorita, no se vaya! Ese reloj va a estar a precio de liquidación mañana, pero a usted le voy a dar ese precio hoy mismo —exclamó tratando de detenerme.

—¿Y cuál es el precio de liquidación? —pregunté con sarcasmo desde la puerta del local.

—¡Se lo dejo en 200 dólares! —respondió sin titubear.

El dominicano me ofreció ese descuento tan grande con la intención de cerrar el negocio inmediatamente. Él pensó que su generosidad me acercaría al trato, sin embargo, sucedió lo opuesto. Abandoné la tienda pensando que si me había dado un descuento tan grande, seguramente el reloj tendría algo malo. Además consideré: "Este señor no pensó dos veces en bajar el precio, así que el reloj debe costar mucho menos de 200 dólares".

Fui a otro almacén a negociar con un hindú y éste me dijo que me lo dejaba en 250 dólares. Le contesté que el dominicano me lo vendía en 200 dólares. La respuesta que me dio fue: "¡Vaya cómpreselo al dominicano!"

No me rendí, sabía que podía negociar un mejor precio, así que visité varias tiendas, pero no conseguí un mejor descuento. Al final de la tarde estaba cansada, sudada y me dolían los pies. Y para completar, cuando decidí regresar al almacén del dominicano, ¡me olvidé dónde quedaba! ¿Sabes cuánto terminé pagando por ese reloj? Me da pena aceptarlo: pagué ¡240 dólares! Desde ese momento aprendí una buena lección: si te dan un buen descuento, ¡apunta la dirección del lugar!

Hablando seriamente, hay algo que quiero que analicemos de esta experiencia en particular. El dominicano realmente me ofreció un buen precio. Pero entonces, ¿por qué no lo acepté? Porque *en una negociación, la manera como cedes es aún más importante que la cantidad que cedes.*

Si das un salto tan grande de 300 a 200 dólares sin titubear, como lo dio el dominicano, transmites el mensaje de que tienes mucho más para dar y puedes ceder aún más. Otro peligro que corres al ceder tan apresuradamente es que pierdes credibilidad y transmites desconfianza. En mi caso, pensé que el reloj tenía algún desperfecto y que el vendedor era un ventajoso al poner un precio tan alto. Por último, y muy importante, cuando cedes tan fácilmente la otra persona queda insatisfecha y no aprecia tu esfuerzo. Así que la estrategia número dos en negociación es: *Da poquito y despacito.*

Esto significa que aunque tengas mucho para dar, por favor no lo des todo en un sólo salto; ten cuidado cómo lo entregas. Acuérdate siempre: *Da poquito y despacito,* y te garantizo que en cualquier negociación vas a lograr tres cosas:

1. Dar legitimidad a tu posición original.

2. Bajar las expectativas del otro y que se dé cuenta que no tienes mucho más para ceder.

3. Proporcionar mayor satisfacción a la otra persona.

Aún cuando puedas ceder lo que te piden, una buena táctica para comunicarle a la contraparte que no será tan fácil acceder a su petición es tomarte tu tiempo y hacerlo esperar. De esta forma quedará más complacido. Puedes decirle: "Necesito tiempo para pensarlo", "Déjeme consultarlo antes de darle una respuesta", "No estoy seguro, lo voy a analizar" o "Yo le aviso en un par de días". Así, la otra persona siente que tú estás haciendo un esfuerzo por darle lo que te pide, y cuando se lo cedas lo va a valorar más.

Damos más valor a las cosas por las que hemos tenido que sacrificarnos y trabajar fuerte que aquellas obtenidas sin mayor esfuerzo. Como decía el filósofo griego Aristóteles: "Se ama más lo que se consigue con mayor esfuerzo".

Desafortunadamente, cuando conseguimos algo fácilmente, no le damos el valor que amerita. Por eso, cuando alguien requiera de tu tiempo, tus esfuerzos o tu trabajo, debes ser cuidadoso y no entregarlo tan fácilmente. De esta forma, te garantizo que otros te aprecian más. Esto sucede hasta en los deportes; por ejemplo, un jugador de tenis valora más un trofeo ganado ante un contrincante duro de vencer, que un trofeo obtenido luego de competir contra un oponente inexperto a quien derrotó fácilmente.

NEGOCIOS DE FAMILIA

Esta estrategia de *dar poquito y despacito* puedes aplicarla en todas las áreas de tu vida, y sobre todo con tu propia familia.

Recuerdo una situación en la que estaba involucrada Maggie, mi peluquera en Los Ángeles. Un día fui a teñirme el cabello y noté que ella estaba más callada de lo usual.

—¿Por qué estás tan silenciosa y pensativa hoy? —le pregunté.

—Te confieso que estoy cansada de que nadie aprecie mi trabajo —respondió triste.

—¿Cómo así que no aprecian tu trabajo? —cuestioné.

—Mis familiares y amigos viven pidiéndome que les haga cortes, peinados y tintes gratis. Yo siempre los complazco y no me lo agradecen; de hecho, mientras más favores les hago, más me exigen. Me da rabia que no valoren mi sacrificio y den por hecho lo que hago —se desahogó, y continuó—. El otro día, mi primo tuvo la desvergüenza de traer a su esposa en la mañana para que le hiciera un corte gratis, y en la tarde llegó con su amante para que yo la peinara sin cobrarle; ¿puedes entender que descaro?

—¿Y lo hiciste? ¡Espero que no! —exclamé con disgusto, tratando de hacerla razonar.

—¡Pues claro que tuve que hacerlo! Si no, se forma tremendo chisme en mi familia y me tachan de egoísta —explicó, tratando de justificar lo que hizo y me preguntó—: María, ¿cómo hago para que me dejen de pedir tantos favores?

—Aprende a no ser tan complaciente. Nadie valora a las personas exageradamente bonachonas. Lamentablemente, lo que sucede es que toman ventaja de ellas. Deja de conceder todos los favores que te piden. Mientras no le pongas un precio a tu trabajo, tu familia y tus amigos no valorarán lo que tú haces por ellos. Como siempre he dicho: "¡Tiempo y talentos regalados, nunca serán apreciados!" —concluí con frenesí, como si fuera una gran filósofa dando un discurso con el pelo embadurnado de tinte y la cabeza cubierta con papeles de aluminio.

—María, se me hace difícil decir que no cuando me piden favores —me explicó.

—¡No tienes que negarte! Diles que estás muy ocupada y dudas que tengas espacio en tu agenda. De esta forma verán que no es tan fácil tener un turno contigo porque eres muy apetecida por tus clientes. Esto les hará respetar tu tiempo. Además, cuando finalmente les digas que vas a sacar un tiempito para atenderlos, apreciarán más tu sacrificio —la aconsejé, y agregué—: También te recomiendo que los pongas a trabajar, es decir, la próxima vez que te pidan un favor, exígeles condiciones. Por ejemplo, pídeles que por lo menos te paguen el costo de los productos, que te ayuden a barrer el piso o que contesten el teléfono una tarde entera. Te aseguro que en el momento que ellos tengan que esforzarse para conseguir un corte gratis, podrían suceder dos cosas: número uno, van a valorar tu trabajo; y número dos, dejarán de ser tan vividores.

Luego de este curso intensivo, práctico y rápido de negociación que Maggie tomó conmigo, me aseguró que desde ese momento empezaría a dar poquito y despacito. No pasaron ni cinco minutos cuando sonó su celular. Era un pretendiente invitándola a una fiesta. Usualmente ella accedía sin titubeos, y hasta recogía al muchacho en su auto deportivo. Pero esta vez, con aire de importancia, le dijo a su galán: "Me encantaría ir contigo pero tengo que chequear mi agenda porque estoy sumamente ocupada. En caso de que pueda ir, tú tendrías que pasar a buscarme". Después de colgar, sonrió y me contó: "Este chico me dijo que se moría por ir conmigo a bailar y que estaría encantado de recogerme. Me acabo de dar cuenta de que ¡esta táctica también se puede aplicar a la hora de la conquista!"

Al igual que Maggie, seguramente tú has tratado con personas que no consideran lo que les das ni aprecian tus esfuerzos. Quizás son tus hijos, tu pareja, tu jefe o la amiga que frecuentemente te pide ayuda pero que nunca está disponible cuando tú la necesitas. Te recuerdo que la negociación es un juego psicológico: no debes entregarlo todo de una vez.

¿Quién queda más contento?

En una negociación, puedes cederle a otro exactamente lo que te pide, y sin embargo puede acabar muy insatisfecho. Por el contrario, puedes darle menos de lo que te pide y saldrá completamente satisfecho. ¿Por qué? Porque en negociación todo depende de la manera cómo cedes.

Imagina que hay dos motocicletas a la venta. Ambas son igualitas y tienen el mismo precio: 22,000 dólares. Jaime va al concesionario en la mañana y compra una de ellas por 20,500 dólares. Ese día en la tarde, Camilo va al mismo concesionario y compra la otra moto por 22,000 dólares. ¿Quién quedó más contento, Jaime o Camilo? La mayoría de las personas pensarán: "Jaime quedó más contento porque pagó menos". Sin embargo, aunque Camilo pagó mucho más, quedó más satisfecho. ¿Por qué? Por el comportamiento del vendedor. Cuando Jaime fue a comprar la motocicleta y pidió un descuento, el vendedor rápidamente le dijo: "Claro que te doy un descuento, te voy rebajar 1,500 dólares para que te la lleves ahora mismo". Jaime se emocionó con el descuento y compró la moto en ese mismo instante. Camino a su casa, manejando su nueva nave, pensó: "Si el vendedor me dio 1,500 dólares de descuento tan fácilmente, seguramente me hubiera podido bajar mucho más. Que bobo fui por pagarle tan rápido".

En cambio cuando Camilo fue a negociar y pidió un descuento, el vendedor le dijo: "No le puedo rebajar. 22,000 dólares es un excelente precio. Le aseguro que usted no va conseguir otra moto con una imagen tan distinguida como ésta. Ésta es la motocicleta de turismo más avanzada y completa del mundo. El motor de esta nave es de inyección de gasolina y por eso es tan fácil de arrancar. Es famosa por su poderoso empuje. Además, este hermoso color rojo manzana es exclusivo y muy difícil de conseguir. Le advierto que ésta es la última moto en el almacén y tengo tres clientes interesados en comprarla". Camilo se preocupó y temió perder la oportunidad de manejar semejante moto. Así que la compró ese mismo día y en camino a su casa pensó: "Que suerte tengo, hice una excelente inversión".

Si trabajas en ventas, haz que tu cliente se esfuerce por el descuento que te pide para que se vaya contento. Es decir, cuando le vayas a dar una rebaja, aunque puedas otorgársela fácilmente, ¡no lo hagas inmediatamente! Puedes decirle: "No puedo darle una respuesta en este momento, necesito tiempo para verificar si puedo hacerlo, y si pudiera aprobar la rebaja, sería con la condición de que usted me pague por adelantado". De esta forma, cuando finalmente tu cliente recibe el descuento, lo apreciará mucho más porque no fue tan fácil adquirir lo que deseaba. Esta táctica es fácil de aplicar en los negocios, pero a la hora de emplearla con los hijos cuesta mucho trabajo.

LAS COSAS CUESTAN

Uno de los momentos de mayor aprendizaje con respecto a la relación de los niños con el dinero lo viví con mi sobrinita Alexandra cuando tenía cinco años. Durante una reunión familiar, mi hermana le permitió a Alex que usara su cámara para que tomara fotos de los invitados. Estábamos sentados cerca de la piscina, escuchando música y tomando piña colada cuando de repente mi hermana Liza gritó desesperada: "¡Alex ¡no!"

Todos volteamos a mirar asustados, pensando que algo malo le había sucedido a la niña. Gracias a Dios no fue así; la chiquilla estaba a salvo. El alarido de mi hermana se debió a que Alex había dejado caer la cámara al agua. Rápidamente, Liza se arrodilló al borde de la piscina y estiró los brazos tanto como pudo para alcanzar la cámara, pero fue en vano porque la cámara se hundió como si fuera un submarino.

—¡Mira lo que has hecho, te dije que tuvieras cuidado con la cámara! —dijo enfurecida mientras se paraba del suelo y sacudía los brazos para secárselos.

—Mami, ¡puedes comprar una cámara nueva! —alegó dulcemente, con la típica ingenuidad de los niños.

—¿Acaso crees que el dinero crece en los árboles? —preguntó Liza frustrada.

—No te preocupes, puedes sacar dinero de la maquinita a la que tú le metes la tarjetita.

Todos soltamos una carcajada. Este inocente comentario me hizo reflexionar. Como Alexandra, la mayoría de los niños no entienden el valor del dinero y no tienen ni idea del esfuerzo que hay que hacer para ganarlo. Ellos observan a sus padres sacar el dinero de un cajero electrónico y piensan que la plata se consigue con una tarjetita mágica y sin ningún esfuerzo. Después de todo, ellos ven cómo los adultos compramos, gastamos y desperdiciamos. Por eso, te recomiendo que tengas mucho cuidado con el mensaje que les transmites a tus hijos respecto a cómo se consiguen las cosas en la vida.

HAZ QUE TUS HIJOS APRECIEN LO QUE OBTIENEN

Muchos padres cometen el gravísimo error de acceder a los antojos de sus hijos con la velocidad de un rayo. Mi amiga Diana es un ejemplo de esta conducta. Cuando su hijo cumplió 16 años, le regaló una computadora portátil, una televisión de pantalla plana, y como si fuera poco, un teléfono celular último modelo. Esta actitud desmedida de consentir al joven se debe a que ella no tuvo lujos en su niñez y se vio obligada a luchar para conseguir lo que tiene hoy; por lo tanto desea que su historia no se repita con su muchacho.

De lo que Diana y todos los padres tan complacientes no se dan cuenta es que al hacerles la vida tan fácil y cediéndoles en todos sus caprichos, inconscientemente lo que consiguen es ¡romperles el capullo!

¿Alguna vez has visto la metamorfosis de la mariposa? Comienza con la oruga preparándose para abandonar su capullo. Es impresionante cómo este animalito empieza a forcejear y patalear para liberarse de la envoltura que lo cubre. Mientras batalla para romperlo, ejercita cada parte de su cuerpo y se fortalece, con lo cual adquiere el vigor necesario para emprender su primer vuelo. Alguien que no entienda este proceso pensaría que el insecto está sufriendo, agonizando y a punto de ahogarse. Entonces, a causa de la ignorancia y con el afán de socorrerlo, comete el error de abrirle la envoltura y, en vez de ayudarlo, le troncha su futuro. Este arduo jaloneo por el que pasa la mariposa es vital para que pueda desarrollar la fuerza que necesita para estirar sus alas y salir a volar libremente.

Así mismo sucede con el desarrollo de un niño: cuando evitas que se esfuerce y le das todo sin medida, en vez de ayudarlo, perjudicas su crecimiento. Además interfieres con su capacidad para defenderse y ser independiente más adelante. También lo privas de descubrir su espíritu emprendedor.

Es maravilloso darle gusto a los hijos, pero ten en cuenta que, tanto los niños como los mayores, disfrutan más los logros alcanzados con esfuerzo que los obtenidos sin mover ni un dedo. Permite a tus hijos experimentar la satisfacción que produce forjar triunfos por sí mismos.

Al educar a tu hijo recuerda el proceso de evolución de la mariposa; permítele que luche por lo que quiere y así adquiera fuerza y destreza para defenderse en el mundo y volar por sí solo. Cuando tu hijo te pida algo, no le digas que sí tan fácilmente, aun cuando sepas que le puedes dar lo que quiere. Exígele algo a cambio; por ejemplo, que lave el auto, que limpie su cuarto o que traiga buenas calificaciones. ¡Hazlo ganarse todo lo que te pide! Otro detalle importante es que cuando tu hijo cumpla con tus peticiones siempre aplaude su esfuerzo y dile que estás orgulloso de él, esto lo motivará a continuar con una actitud positiva y lo hará obedecer tus pedidos.

UTILIZA DOS MANOS PARA NEGOCIAR CON TUS HIJOS

Hay una frase muy conocida que reza: "Los hijos nacen con el pan bajo el brazo". Es decir, no hay que preocuparse tanto de si podrás proveerles comida, techo, ropa o estudio porque cada bebé trae abundancia al nacer. Sin embrago, he oído a padres que expresan jocosamente: "Los niños deberían venir a este mundo con un manual de instrucciones que diga cómo criarlos". Yo digo que ese manual también debería explicar cómo negociar con los niños. Aquellos que tienen hijos saben que no hay situación más frustrante que tener que negociar con un niño de dos años. Hay que ser muy creativo para convencerlo de que te obedezca, y en la mayoría de los casos se sale con la suya. ¡Definitivamente los niños son los mejores negociadores!

Julito, el hijo de mi amiga Olga, cumplió seis años y se los celebraron en un parque de diversiones donde había pistas de autos, golf en miniatura, máquinas de vídeo y muchísimos juegos. El cumpleañero sólo prestó atención a los autos de carreras y estuvo detrás del volante todo el día. Al terminar la fiesta, luego de que Julito dio más de 599 mil vueltas a la pista, mi amiga le dijo que la fiesta había finalizado y que era hora de irse a la casa a descansar. El pequeño piloto de autos comenzó a llorar y gritaba: ¡no, no, no! Daba alaridos como si lo estuvieran torturando. Mi amiga Olga trató de calmarlo, pero mientras más lo intentaba, el chiquillo más se enfurecía.

Finalmente, Julito dominó a su mamá. Ella, con tal de no verlo disgustado, y para evitar un espectáculo, le permitió que continuara jugando. Luego de esta pataleta, Olga me dijo:

—Sé que es un malcriado y cree que se lo merece todo, pero ¿qué hago? ¡Me parte el alma verlo llorar!

El problema de Olga es que trabaja demasiadas horas, sale de la casa a las seis de la mañana y regresa a las seis de la tarde todos los días. Así que su horario de trabajo no le permite dedicarle a su hijo todo el tiempo que quisiera. Esto la hace sentirse culpable y piensa que no está cumpliendo con su papel de buena mamá. Lógicamente, para no sentirse mal, cada vez que Julito tiene un antojo lo complace sin darse cuenta de que "el remedio es peor que la enfermedad".

El día del cumpleaños de su hijo tuvimos una conversación muy seria.

—¿Qué piensas? —preguntó angustiada.

—Pienso que eres muy egoísta —le dije para ayudarla a reflexionar.

—¿Cómo puedes pensar eso de mí? —contestó sorprendida—. ¡Yo le doy todo a ese niño! —se justificó.

—Tu comportamiento muestra que en vez de darle prioridad al bienestar de tu hijo, lo que realmente te preocupa es no sentirte culpable. Date cuenta que le estás haciendo un daño terrible a Julito.

Olga se quedó pensativa y una lágrima brotó de sus ojos. Entonces la abracé. En ese momento entendí lo duro que debe ser criar sola a un hijo. Dejé que se tranquilizara un poco y continué:

—Si quieres educar a tu hijo exitosamente ¡tienes que usar tus dos manos!

—¿Estás insinuando que le pegue? —preguntó perpleja.

—¡Claro que no! —respondí tajante.

Los golpes fomentan la violencia, y la violencia nunca trae nada bueno. Criar a un hijo con las dos manos significa que usarás la mano derecha para darle amor incondicional; es decir, quiérelo sin esperar nada a cambio y, aunque no sea sobresaliente, ámalo y dale todo tu cariño. Entonces, con la mano izquierda, establece reglas, pon orden, inculca respeto y, si es necesario, ponle castigos. La clave para educar a hijos exitosos es: ¡amor y disciplina!

Haz que tu pareja te valore

Cuando de negociar en el amor se trata, también hay que saber usar a tu favor la Regla #2: *Dar poquito y despacito.* Desde las circunstancias en que se desarrolla la vida de personajes de ficción como Romeo y Julieta, pasando por los escándalos de la vida real de Elizabeth Taylor y sus siete maridos, hasta los amores de Brad Pitt con Angelina Jolie, puedes ver que en el amor, así como en los negocios, el juego psicológico siempre existe. Si nos hacemos muy accesibles a los caprichos del otro, el 99.9 por ciento de las veces no nos aprecian, y perdemos valor.

La mayoría de las mujeres desean una relación amorosa sincera y sin necesidad de aparentar o fingir lo que no son. Es por eso que muchas dicen: "Estoy cansada de los jueguitos", "No creo en hacerme la difícil para conquistar a alguien", "Lo siento, no voy a aparentar ser lo que no soy".

Me solidarizo con aquellos que desean tener relaciones sin necesidad de juegos, pues según vamos madurando preferimos la transparencia y la sinceridad en una relación. Sin embargo, la psicología del amor requiere que participemos en algunos juegos. ¡Atención! No estoy promocionando ningún jueguito ni diciéndote que finjas o actúes para conquistar, simplemente quiero que sepas que cuando te niegas a participar en el juego que se plantea en el amor, de todos modos estarás jugando, ¡pero en tu contra!

Hay una táctica para negociar con la pareja que pocas mujeres se atreven a usar. Se llama el "juego de la ausencia". Consiste en que te alejes en el momento preciso para lograr que te extrañen, te busquen, te piensen o que se enamoren de ti. El "juego de la ausencia", además de ser muy eficaz en las relaciones amorosas, también se practica en las relaciones comerciales, laborales y hasta en el mundo artístico.

Una famosa actriz de cine de los años veinte usó esta táctica con su público. Me refiero a la hermosa sueca Greta Garbo, quien no concedía entrevistas, no firmaba autógrafos, no asistía a ningún evento social y mucho menos contestaba las cartas de sus fanáticos. Ella se retiró de la actuación cuando precisamente estaba en la cúspide de su carrera y con apenas 40 años de edad. Su repentina ausencia provocó dos cosas: una, que su público la extrañara, y dos, que su fama aumentara. La amada Greta Garbo sabía que cuando algo se vuelve muy accesible pierde su valor.

De la misma forma sucede en el campo comercial; cuando hay abundancia de un producto, su precio disminuye, y si hay escasez, su precio aumenta. Por eso, comprar rosas el Día de los Enamorados sale tan costoso; la demanda es grande y la oferta de rosas es insuficiente. Ocurre lo mismo en el amor: damos poca importancia a aquello que nos sobra y deseamos ardientemente lo que es difícil de obtener.

Los historiadores cuentan que en la Edad Media las damas enviaban a los caballeros a sitios lejanos para cumplir tareas difíciles como prueba de su amor. Esta estrategia pretendía que la pasión creciera y el reencuentro estuviera lleno de éxtasis. Lo peligroso de esta separación temporal era que aquellas doncellas que no tenían una relación sólida con su caballero corrían el riesgo de ser olvidadas ¡y hasta reemplazadas! Bien se ilustra con estas conocidas palabras de Francois de La Rochefoucauld: "La ausencia disminuye las pequeñas pasiones y aumenta las grandes, de la misma manera que el viento apaga las velas y aviva las hogueras".

Cuando quieras que alguien se enamore de ti perdidamente, al principio es necesario que compartas mucho tiempo con esa persona para crear una conexión fuerte entre ambos. Pero cuando la relación se establezca y solidifique, debes abrir un espacio para crear un equilibrio entre estar ausente y estar presente. ¡Pon atención! Si te comportas como un gemelo siamés que no puede separarse, te vuelves costumbre para la otra persona y desaparece la emoción por verte. Analiza lo que sucede con los rayos del sol: después de muchos días de lluvia, los extrañas, y cuando por fin brillan, te deleitas con el resplandor.

Atrévete a participar en el juego de la ausencia para que tu pareja valore tu presencia. De vez en cuando, auséntate. No sólo serás más deseable, sino que te darás el gusto de escuchar el dulce sonido de las frases: "Te extraño", "Me haces falta" y "¡Estoy feliz de verte!"

Espero que de ahora en adelante, cuando vayas a entregar algo, sea tu corazón, tus ahorros o tu tiempo, tengas en cuenta cómo lo concedes. Ya sabes: *¡Da poquito y despacito!*

☆ ☆ ☆ ☆ ☆ ☆

Recuerda que:

- *En el campo de la negociación es mejor ser un poco tacaño y siempre ¡dar poquito y despacito! Esto no te hará una mala persona, más bien te convertirá en un gran negociador.*

- *Es cierto que dar a otro lo que te exige puede ayudarte a cerrar un trato, pero ¡cuidado! porque también te puede alejar, e incluso hasta puedes romper la negociación.*

- *En negociación, la manera como cedes es aún más importante que la cantidad que cedes.*

- *Cuando cedes sin titubear y rápidamente, transmites el mensaje de que puedes ceder aún más, pierdes credibilidad y transmites desconfianza. Además, cuando cedes fácilmente, la otra persona queda insatisfecha y no aprecia tu esfuerzo.*

- *Cuando cedes poquito y despacito das legitimidad a tu posición original, bajas las expectativas del otro y proporcionas mayor satisfacción.*

- *Aún cuando puedas ceder lo que te piden, una buena táctica para comunicarle a la contraparte que no será tan fácil acceder a su petición, es tomarte tu tiempo y hacerlo esperar.*

- *Los seres humanos dan más valor a las cosas por las que han tenido que sacrificarse y trabajar fuerte que a aquellas obtenidas sin mayor esfuerzo. Por eso, cuando alguien requiera de tu tiempo, esfuerzos o trabajo, debes ser cauteloso y no entregarlo fácilmente. De esta forma, los otros te aprecian más.*

- *La estrategia de "dar poquito y despacito" puedes aplicarla en todas las áreas de tu vida, hasta en tu propia familia. Cuando te pidan algo, no concedas lo que piden tan fácilmente y verás cómo apreciarán más tus esfuerzos.*

- *No cometas el error de satisfacer rápidamente los antojos de tus hijos. Los padres complacientes no se dan cuenta de que al hacerles la vida tan fácil, inconscientemente le tronchan el futuro a sus hijos. Permítele que luche por lo que quiere y así adquirirá la fuerza y destreza que necesita para defenderse en un futuro.*

- *Cuando de negociar en el amor se trata, también hay que dar poquito y despacito. Si quieres que alguien se enamore de ti perdidamente, al principio es necesario que compartan mucho tiempo para crear una conexión fuerte. Una vez la relación se establezca, debes crear un balance entre estar ausente y estar presente. De esta manera lograrás que te extrañen, te busquen, te piensen y se enamoren de ti.*

"Ser espléndido no consiste en cuánto entregas. Puedes ser generoso dando poco y miserable dando más".

José Narosky

Regla #3
Piensa antes de hablar

¿Puedes acordarte de la última vez que hiciste un comentario fuera de lugar y luego te arrepentiste? Recuerdo cuando empecé mi carrera en el campo de la transformación personal estaba llena de ilusiones, sueños, proyectos y, sobre todo, inocencia e inexperiencia. Un día me llamó el productor de un programa radial de motivación en Riverside, California.

—María, un colega me comentó de su trabajo como motivadora. Queremos saber si le interesa colaborar en nuestro programa —dijo el señor Quesada.

—¡Claro que me interesa! Cuente conmigo —dije sin pensarlo, como si me hubieran ofrecido un millón de dólares.

—Antes de llegar a un acuerdo, quiero dejarle saber que el horario es muy exigente —aclaró.

—¿Exigente? Usted no me conoce, la exigente soy yo con mi trabajo —interrumpí sin dejarlo acabar su pensamiento.

—Necesitamos que llegue a nuestro estudio a las cinco de la mañana, tres días por semana —advirtió amablemente.

—No se preocupe, señor Quesada, si es necesario llego a las cuatro de la mañana. Voy a salir de mi casa bien temprano ya que me toma una hora manejar hasta su estación, ¡pero no importa! —aseguré con euforia.

—Otra cosa, quiero decirle que en este momento no tenemos presupuesto para pagar por su participación, así que piénselo y mañana me deja saber si… —trató de explicar pero lo interrumpí nuevamente sin que pudiera finalizar la oración.

—¡No me importa que no me pague! Ésta es una gran oportunidad para mí y voy a hacer todo lo que usted me pida para poder estar en la radio —expresé con ansiedad, temiendo que esta propuesta se me fuera a ir de las manos.

—¡Me alegra oír sus palabras! Comenzaremos la próxima semana. Muchas gracias por su disposición —concluyó para cerrar el trato.

—¡Gracias, muchas gracias a usted! —dije con la misma sinceridad y emoción de una niña de seis años a quien le acaban de regalar su primera bicicleta. Y en ese momento, en vez de callarme y colgar el teléfono, agregué—: Espero no decepcionarlo señor Quesada. Ésta será mi primera vez en un estudio de radio, espero poder controlar mis nervios y no quedarme muda ante el micrófono.

—¿Cómo dijo? ¿Su primera vez en un estudio? —preguntó asustado—. Entonces, ¡cambiemos el plan! Yo me comunicaré con usted próximamente.

El señor Quesada se demoró varios meses en llamarme. Más adelante me di cuenta de que había cometido varios errores. Primero, me resté importancia al mostrarme tan desesperada por esta oportunidad: lo único que me faltó fue ofrecerme para preparar el café matutino de sus empleados. Segundo, no le di valor a mis talentos; ese productor se dio cuenta de inmediato que mis capacidades no estaban en gran demanda en ese momento. Tercero, no exigí nada a cambio de mis servicios; ni siquiera se me ocurrió pedir el dinero de la gasolina para que este señor apreciara mis esfuerzos por manejar tantas millas para llegar a su estudio. Por último, puse en evidencia mi mayor debilidad: mi falta de experiencia en esos tiempos.

He descubierto que, en muchas ocasiones, hablar de más te puede poner en riesgo de perder un trato, malgastar una buena oportunidad, involucrarte en un malentendido o hasta puedes quedar en ridículo. Por eso, hay que pensar ¡antes de hablar!

Hace muchos años en cierta ocasión tomé un vuelo a última hora para viajar de Chicago a San Francisco. El avión iba lleno. Como era un trayecto largo, yo quería que me dieran un asiento ubicado en el corredor de la salida de emergencia ya que hay más espacio y puedes estirar las piernas y viajar más cómodamente. Estaba dispuesta a conseguirlo a toda costa y decidí recurrir a una mentirilla blanca.

—Por favor, ¿podría conseguirme un asiento en la línea de la salida de emergencia? —pregunté a la señorita que estaba en el mostrador.

—El vuelo está lleno y no puedo garantizarle ese puesto. Pero déjeme ponerla en la lista de espera. Usted es la primera, así que lo más seguro es que se lo podamos asignar —contestó amablemente.

—¡Usted es un ángel! —dije para elevar su ego—. No tiene idea cómo se lo voy a agradecer. Le cuento que me torcí el pie y tengo toda la pierna muy adolorida; es por eso que necesito una silla cómoda —dije con cara de aflicción, tratando de que la señorita se apiadara de mí y me asignara inmediatamente la silla 9A.

— ¿No puede caminar bien? —me preguntó, mostrando preocupación.

—Pues más o menos —fingiendo que cojeaba un poco, me separé del mostrador y, mientras me tocaba la pierna izquierda, le dije acongojada—: Ésta es la pierna que me duele; la otra está muy bien gracias a Dios.

—¡Ay, señora! Siento decirle que la política de la aerolínea no me permite asignarle una silla al lado de la puerta de emergencia. Ningún pasajero que tenga una condición como la suya puede ir sentado allí. Las personas ubicadas en esa zona son responsables de abrir la puerta de emergencia y ayudar a otros pasajeros en caso de que sea necesario ¿Se imagina qué pasaría si hubiera una emergencia? ¡La tripulación necesita que usted se mueva rápido! No podemos arriesgar la vida de los pasajeros por culpa de su pierna izquierda.

—No se preocupe, yo entiendo —me sentí como una tonta. Por bocona acababa de perder una silla cómoda para un largo viaje. No tuve el valor de desmentir lo que había dicho. Así que, con cara de dolor y cojeando, me dirigí lentamente hacia la sala de espera. Desde entonces soy más cautelosa cuando abro la boca.

No seas como el cocodrilo

En general, a todos los hispanos nos fascina hablar. Sin duda, un latino inspiró la frase "hablar hasta por los codos", pues tal expresión no existe en inglés. Imitamos al cocodrilo: ¡todo boca y nada de oídos! Somos tan efusivos y extrovertidos que sin darnos cuenta revelamos información importante, información que debe guardarse. Analiza y descubrirás las veces que sin querer haces comentarios innecesarios o tontos y "metes la pata".

Lo viví con mi vecina cuando le dio por vender su casa. Un día pasé a visitarla y dio la casualidad que estaba su agente de bienes raíces mostrándole la propiedad a una clienta, a quien en menos de quince minutos mi vecina convirtió en su "comadre".

—¿Desde hace cuánto tiempo vive en esta casa? —preguntó la compradora mostrando mucho interés en la propiedad.

—Vivo aquí desde que me casé con Roberto hace trece años. El fue mi primer amor —confesó mi vecina.

—¿Le puedo preguntar por qué desea salir de esta casa tan bonita?

—No se imagina por lo que estoy pasando. Esta casa era nuestro nido de amor hasta que una "buitre" se interpuso en nuestro camino y arruinó la relación —dijo muy afligida, y siguió contando su novela—. Roberto es un egoísta y no quiere pagarme lo que me corresponde. Estoy ahorcada con el mantenimiento de esta casa que es costosísimo. Además, estoy desesperada por salir de aquí lo antes posible porque no quiero toparme con nada que me recuerde a ese bandido —confesó indignada.

En ese momento comprendí por qué mi vecina se había estado quejando de que todas las ofertas que recibía eran bajas. Obviamente cada vez que llegaba un posible comprador a ver su casa se terminaba enterando de todas y cada una de las presiones económicas y sentimentales que ella tenía.

Te equivocas si piensas que al contarle a otra persona tus problemas vas a lograr su simpatía y te va a tener consideración. Eso podrá suceder con tus familiares o amigos íntimos, pero no en la mesa de negociación. Suele suceder lo contrario: en la mayoría de las negociaciones, cuando la contraparte sabe que tú estás bajo presión o en una posición vulnerable, en vez de ayudarte, puede tomar ventaja y aprovecharse de ti. Así que ten cuidado con lo que dices: nadie se va a compadecer de ti. Como dicen los norteamericanos: *Business is business*, ¡los negocios son negocios!

Recuerdo la vez que, en un vuelo de Miami a Brasil, conocí al dueño de una empresa en Sao Paulo que se especializa en blindar automóviles. Me pareció un trabajo muy peculiar y quise saber más al respecto.

—¿Qué tipo de clientes tienes? ¿Acaso políticos? ¿Militares? ¿Traficantes? ¿Gente de la realeza? —pregunté muy curiosa.

—Sí, todos esos y muchos más —respondió sonriente.

—Y ¿cuánto cuesta blindar un automóvil? —indagué.

—Eso depende del cliente —declaró con picardía y guiñó un ojo, insinuándome que había algo torcido en su forma de cobrar.

—¿Qué quieres decir con que depende del cliente? ¿Qué determina el precio? —lo cuestioné.

—Hay dos tipos de clientes: al que ya intentaron matar y al que nunca le ha pasado nada. Cuando llega a mi negocio un tipo asustado y me dice: "Necesito blindar mi carro urgentemente. Mi familia y yo fuimos atacados por unos maleantes y por poco nos matan". A esta clase de cliente yo le cobro el precio más alto porque siempre está dispuesto a pagar lo que sea. Ya vivió el atraco y no se va a arriesgar otra vez. Por otro lado, el que nunca ha vivido una balacera y quiere blindar su auto solamente por seguridad o estatus, llega a negociarme el precio: ese cliente no va a pagar tanto como el otro.

Me sorprendió la manera de cobrar de este señor. Desafortunadamente, en el mundo de los negocios la gente se aprovecha cuando te ve necesitado, asustado o enfermo. Por eso, mientras puedas, mantén la boca cerrada.

EL SILENCIO ES ORO

Si estoy negociando contigo, ten en cuenta que mientras tú menos sepas de mis problemas y mis presiones, ¡mejor para mí! Y mientras yo menos sepa de tus presiones y tus problemas, ¡mejor para ti! Siempre he dicho que un vendedor debe tener habilidades para comunicarse y expresarse. No obstante, hay veces que un vendedor "¡calladito se ve más bonito!"

Un grave error que cometen muchas personas que trabajan en ventas es que le dejan saber al cliente la necesidad que tienen por cerrar un trato. He oído a vendedores desesperados que hacen declaraciones como estas:

"¡Ayúdeme, tengo que cumplir mi cuota mensual de ventas si no quedo despedido!", "La situación económica está difícil y nuestra oficina está casi en la quiebra", "Entró un nuevo competidor al mercado y dicen que viene a quitarnos todos los clientes", "Qué bueno que va a comprar aquí, aunque somos un poquito más caros", "Este producto salió defectuoso pero tiene un año de garantía", "El departamento de producción de esta compañía es un verdadero desastre".

¿Qué va a pensar el cliente al escuchar comentarios como los anteriores? Seguro que sus pensamientos serán: "Este vendedor está tan desesperado que le voy a pedir un descuento mucho más grande", "Si la compañía está tan mal, tal vez no debo arriesgarme", "A lo mejor debo buscar otras opciones".

Compra y calla para siempre

Los vendedores no son los únicos que hablan de más en las negociaciones; también los compradores cometen el error de revelar información que los puede perjudicar cuando quieren lograr un buen trato.

Mi amiga Lorena quería comprar un juego de comedor; llevaba meses buscando pero no había conseguido uno que realmente le robara el sueño. Un sábado la acompañé a continuar su búsqueda. Fuimos a un centro comercial donde hay docenas de tiendas especializadas en muebles y decoración de interiores. Entramos a muchos almacenes; vimos tantos comedores que hasta hambre me dio.

Lorena me prometió que entraríamos al último almacén antes de irnos a almorzar. Mi amiga casi se desmaya, no propiamente del hambre ni del cansancio sino de la emoción.

—¡*Oh my God*! ¡Dios mío Santísimo! —gritó trastornada al encontrarse frente a un hermoso juego de comedor.

—¿Le gusta? —preguntó el dueño del lugar, un asiático muy serio y de pocas palabras.

—Señor, claro que me fascina, es perfecto. Llevo seis meses buscando un comedor de roble, de color pardo amarillento con un acabado rústico y desgastado, que sea ovalado, con ocho puestos y sillas estilo Luis XV: ¡éste lo tiene todo! —dijo emocionada mientras se sentaba como una reina en la silla de cabecera y tocaba los bordes de la mesa con mucha delicadeza—. ¡Me gusta, me encanta, me vuelve loca! Ya me lo imagino en mi casa —hizo una pausa y sonriendo preguntó—: ¿Podría darme un descuentito?

¿Crees que Lorena consiguió algún descuento? ¡Por supuesto que no! Para haber logrado un descuento debió haberle dicho al coreano:

"Sí, señor, el comedor me gusta. Lástima que sea tan costoso porque vi en otra tienda uno muy parecido que me gustó mucho y tenía un mejor precio. Si me da un descuento, podría considerar comprarlo aquí". Ella debió usar lo que en negociación se llama "poder de la competencia".

EL PODER DE LA COMPETENCIA

Una de las inseguridades más grandes de un vendedor es saber que hay un competidor listo para quitarle su cliente. Por eso, un vendedor tiembla al escuchar frases como: "Tengo otras opciones", "Voy a chequear en otro lado", "Hay una compañía que me da una mejor oferta", "Alguien más tiene lo que usted me ofrece y me lo deja más barato". Lo que muchos vendedores no se dan cuenta es que este tipo de argumentos muchas veces son tácticas de los compradores para conseguir la mejor calidad, las mejores condiciones y a la vez el precio más bajo.

Además de los compradores, el poder de la competencia también puede ser usado por cualquier persona que quiera ser escogida para un empleo, o incluso elegida en el amor. No es casualidad que un hombre se sienta mas atraído por una mujer ocupada y con muchos pretendientes, que por aquella que está a sus pies, siempre disponible y sin nadie que la corteje. La mujer más deseada no es necesariamente la más hermosa ni la más inteligente, sino la más difícil de alcanzar. Así como una mujer soltera es más apetecida cuando tiene más de un pretendiente, de la misma forma, cuando vayas a solicitar empleo, te puedes volver más apetecido si el empleador piensa que otras empresas también te quieren.

Algunas personas se preguntarán en este momento: ¿Hay que mentir a la hora de negociar? Te advierto: ¡No hay que hacerlo! Lo que se debe hacer es, como se dice en inglés, *stretch the truth* (estirar la verdad). Mientras no le hagas daño a nadie ni arruines la vida de otros, maquillar la verdad es aceptable. ¡Ojo! Dije maquillar la verdad, no disfrazar la verdad.

Maquillar la verdad es algo que hacen las agencias de publicidad, los medios de comunicación y hasta muchos negociadores en el campo del amor. Por ejemplo, cuando te quieres hacer más deseable para un pretendiente y le dices que no puedes salir con él porque tienes otra invitación para el mismo día, aunque no la tengas en ese preciso momento, no estás mintiendo porque la realidad es que, si la buscas, siempre aparecería otra invitación. En el campo laboral sucede lo mismo. Si le dices a alguien que tienes una mejor oportunidad en otra parte, aunque no la tengas en ese instante, te aseguro que si averiguas siempre encontrarás una mejor oportunidad.

Conocí a Carlos en la ciudad de Guatemala después de dar una conferencia. Compartió conmigo algo que le sucedió algunos meses antes de casarse. Carlos es ingeniero, había perdido su empleo en una importante empresa de su país y estaba a punto de un colapso nervioso después de tres meses de intensa búsqueda. Había llenado más de 30 solicitudes, había reescrito su currículum 10 veces y se había presentado a 22 entrevistas de trabajo, pero no conseguía nada. Finalmente, fue a pedir empleo en una empresa donde, una vez más, le hicieron las típicas preguntas de una entrevista.

—¿Cuénteme un poco de usted? —preguntó el director de recursos humanos.

—Soy ingeniero industrial, especializado en procesos y tengo más de siete años de experiencia en este campo. En la última empresa para la que trabajé fui premiado tres veces como empleado del año.

—¿Por qué dejó su trabajo anterior?

—La empresa se vino a pique y tuvieron que hacer un corte de personal en el que salimos más de veinte personas.

—¿Qué lo motiva a querer trabajar aquí?

—Necesito este empleo, hace más de tres meses estoy sin trabajo. Dentro de poco meses me voy a casar y quiero tener estabilidad laboral antes de dar ese paso —explicó con sinceridad—. He ido a muchas entrevistas de trabajo y no consigo nada. Si usted me da este empleo, le prometo que no se va a arrepentir porque voy a dar lo mejor de mí —dijo casi suplicando.

—Veo que usted tiene un currículum muy completo y una gran experiencia —aseguró el director.

—Sí, tengo mucha experiencia y he trabajado duro toda mi vida. El problema que tengo es que muchas empresas piensan que estoy sobrecalificado y no me dan empleo. Por favor, deme esta oportunidad. Estoy desesperado. ¡Necesito este empleo!

Carlos salió feliz de la entrevista porque lo contrataron. Pero no quedó tan contento con el sueldo porque le ofrecieron mucho menos de lo que él merecía. Sin embargo tuvo que aceptarlo ya que no tenía ninguna otra opción. Al cabo de dos semanas Carlos descubrió que esa compañía llevaba dos meses buscando a alguien con el perfil profesional que él tenía. Y para completar, se enteró que el último ingeniero que ocupó su puesto ganaba dos veces más que él.

Te pregunto: ¿Carlos tenía que contarle al empleador de sus presiones y problemas? ¡Claro que no! Abrir tanto la boca no era necesario ni mucho menos profesional. Cuando el entrevistador le preguntó "¿Qué lo motiva a querer trabajar aquí?", la respuesta que debió haber dado Carlos, o cualquiera que se encuentre en una situación similar, es: "Actualmente tengo otras ofertas de empleo, pero esta empresa realmente atrae mi atención ya que me gustan los servicios que ofrece y sobre todo la misión de esta organización. Le confieso que no necesito este empleo, pero deseo inmensamente trabajar aquí.

¿Notaste la diferencia entre lo que Carlos respondió y lo que debió haber dicho? En la primera mostró que *necesitaba* el empleo, pero en la segunda manifestó que *deseaba* el empleo.

¿Necesito o deseo?

Anteriormente te expliqué cómo negociar tu sueldo. Mencioné el error que Ángela había cometido cuando me pidió que le subiera el salario; ella dijo: "Necesito un aumento de sueldo porque tengo muchos gastos". Hubiera sido más efectivo si ella me hubiera dicho: "Deseo un aumento de sueldo porque me lo merezco". Existe un abismo inmenso entre la palabra "necesito" y la palabra "deseo". El significado de estas palabras es completamente diferente, aunque muchas personas las intercambian y las usan inadecuadamente.

La palabra "necesito" viene de una zona de inseguridades y denota ansiedad. En cambio, la palabra "deseo" está cargada de energía positiva y viene de un lugar de fortaleza. Cuando dices "necesito" expresas debilidad, pero cuando dices "deseo" comunicas autoridad.

Si tienes una gran necesidad, ya sea de obtener un empleo, un auto, un amor o un comedor, ¡cierra la boca!, y no se lo digas a la personas con la que estás negociando. Evita revelar que tienes una necesidad apremiante porque en la mayoría de los casos esa información la usan en tu contra para sacar ventaja de la situación e incluso aprovecharse de ti. El error que cometemos en algunas ocasiones es que por la urgencia de abrir o cerrar una negociación decimos "yo necesito".

De ahora en adelante, cuando estés desesperado y realmente necesites obtener algo, usa la siguiente táctica: cambia la palabra *necesito* por la palabra *deseo*. Por ejemplo di: "Yo no necesito asociarme con usted, pero me cae tan bien y es tan responsable que tengo deseos de hacer negocios con usted", "Yo no necesitaría matricularme en esta clase porque conozco otras escuelas muy buenas, pero deseo estudiar aquí ya que me encanta su estilo de enseñar".

A las solteras les digo que esta táctica funciona muy bien en el campo de las conquistas. Dile a tu pareja: "Yo no necesito compartir mi vida contigo porque estoy feliz sola, sin embargo, desearía estar contigo el resto de mi vida porque reconozco y admiro lo maravilloso que eres".

Cuando le comunicas a alguien que deseas su tiempo, su compañía, su producto, sus servicios o su amor, lo haces sentir importante porque estás transmitiendo el mensaje de que tú lo admiras, de que es útil y de que esa persona marca una diferencia en tu vida.

Siempre que hagas sentir a otro ser humano importante, automáticamente le elevas el ego, y eso es punto muy valioso a tu favor. Les recomiendo a todas las mujeres que paren de decirle a un hombre desesperadamente: "yo te necesito". Si quieres tenerlo en la palma de tu mano, mejor elévale el ego y dile sensualmente: "yo te deseo".

★ ★ ★ ★ ★ ★ ★

Recuerda que:

- *¡Piensa antes de abrir la boca! Hablar de más puede ponerte en riesgo de perder un trato, malgastar una buena oportunidad, involucrarte en un malentendido o inclusive puedes quedar en ridículo.*

- *No creas que al contarle a otra persona tus problemas vas a lograr su simpatía y te va a tener consideración. Eso podrá suceder con tus familiares o íntimos amigos, pero no en la mesa de negociación. En las negociaciones, cuando la contraparte sabe de tus presiones, en vez de ayudarte puede tomar ventaja y aprovecharse de ti.*

- *Hay una gran diferencia entre la palabra "necesito" y la palabra "deseo". La palabra "necesito" tiene una connotación débil. En cambio, la palabra "deseo" indica fortaleza. Cuando dices "necesito" expresas debilidad, pero cuando dices "deseo" comunicas autoridad.*

- *Si tienes una gran necesidad, evita revelarla porque esa información podría ser usada en tu contra y podrían sacar ventaja de la situación, e incluso aprovecharse de ti.*

- *Cuando estés desesperado y realmente necesites obtener algo, usa la siguiente táctica: cambia la palabra "necesito" por la palabra "deseo". Recuerda que esto también se aplica en el campo del amor.*

"Eres amo de tu silencio y esclavo de tus palabras".
Proverbio chino

Regla #4
Eleva el ego

Hace algunos años me invitaron a dar una conferencia en Asunción, Paraguay, a la cual asistieron 500 empresarios. Cuando llegó el momento de enseñarles la cuarta regla de negociación, pregunté a la audiencia: "¿Saben qué es el ego?" Nadie supo responder. Entonces, con una actitud de superioridad, puse mi cabeza en alto, enderecé la espalda y, dándome palmadas en el pecho, dije: "¡El ego es ese argentino que todos llevamos dentro!" Todos se rieron. Nunca pensé que este chiste fuera a convertirse en una lanza afilada que iba a lastimar a una participante. Sin querer herí el ego de Yanina, quien se acercó al final de la conferencia y me dijo:

—María, me insultaste y estoy muy disgustada con vos —expresó indignada.

—¿Qué fue lo que dije? —pregunté con mucha curiosidad y vergüenza, porque soy incapaz de insultar a alguien.

—Lo que vos dijiste sobre los argentinos me hizo sentir muy mal. Además, estaba sentada al lado de mis compañeros de trabajo y todos empezaron a reírse de mí. ¡Por favor dejá de burlarte de los argentinos!

Le pedí disculpas, le conté que adoro a los argentinos y que había sido precisamente una amiga de Buenos Aires por quien me había enterado de la existencia de esta broma. Sin embargo, desde ese día borré el chiste de mi repertorio. No volví a hablar del ego de los argentinos hasta este momento y espero, por favor, que nadie se ofenda.

¿Qué es el ego?

Esa imagen que has elaborado de ti mismo se llama ego. Es esa vanidad interior compuesta por creencias, percepciones y opiniones que tienes de ti como individuo. Por lo tanto, cualquiera que critique, juzgue o trate de cambiar esa imagen tan arraigada en ti que has creado, ataca un territorio muy íntimo y delicado.

El ego es la parte más sensible y frágil de todo ser humano. Tanto así que se puede lastimar hasta con una simple mirada. Y, sobre todo, cuando más sufre tu ego es cuando alguien te deja, te rechaza o te hace algún desplante. Si alguna vez has experimentado un engaño, una traición o un desprecio amoroso y sientes que "¡tienes el corazón destrozado!" reflexiona, porque seguramente lo que tienes es el ego machacado y por eso duele tanto.

Si has visto la reacción de un hombre luego de recibir una patada en los genitales, podrás entender el efecto que tiene herir un ego. Cuando laceras el ego de alguien haces que la persona se moleste, te rechace y se resienta. Así que ni bromeando, y mucho menos negociando, lastimes el ego de otra persona. Ten en cuenta que *un ego herido es como un reino destruido*.

Una vez presencié cómo se desmoronó una negociación entre mi hermano y uno de sus mejores amigos en la que ambos pudieron haber ganado pero uno de ellos cometió un grave error.

—Te quiero proponer un negocio que nos puede hacer ricos muy rápido —le dijo José a mi hermano Alberto durante una reunión familiar.

—¡Una vez más con tus ideas descabelladas! Nadie se hace rico de un día para otro a menos de que haga unas de estas tres cosas: sacarse la lotería, recibir una herencia o hacer un negocio ilegal —dijo Alberto con un poco de sarcasmo—. Estoy muy ocupado y no puedo involucrarme en ningún proyecto, pero si esperas un par de semanas puedo sentarme con calma a hablar contigo —comentó mientras se retiraba para servirse algo de comer.

José se levantó de la silla inmediatamente y detuvo a mi hermano sujetándolo del brazo con fuerza.

—¿Acaso eres bruto? ¡No seas tan ignorante! Deberías rogarme para que te incluya en este negocio que te dará el dinero para cambiar esa chatarra de carro que tienes —dijo José despectivamente frente a todos los invitados. Actuó como si estuviera regañando a un chiquillo y aleccionándolo enfrente de todos sus amigos.

—¡Tu estás loco, *brother*! —dijo mi hermano, muy molesto, mientras sacudía su brazo para liberarse de José.

Meses más tarde nos enteramos que efectivamente José había emprendido un gran negocio de ventas por Internet y estaba haciendo un dineral. Mi hermano pudo haberse beneficiado de esta gran oportunidad pero no la consideró. ¿Por qué? ¿Acaso Alberto estaba tan ocupado como para no escuchar la propuesta de un negocio millonario? ¡Claro que no! Mi hermano nunca dijo por qué desistió de hacer negocios con José, pero estoy segura que fue porque su ego quedó aplastado cuando, frente a todo el mundo, José le dijo "bruto", "ignorante", y además le insinuó que era un pobretón.

Nunca hagas lucir a alguien mal frente a su familia, amigos, colegas, jefe, vecinos, pareja y ni siquiera frente a ti mismo porque instantáneamente te lo ganas de enemigo. A todos nos gusta que otros nos miren con respeto y admiración. Si hieres el ego de alguien, aunque le traigas la idea más fabulosa de este mundo, la otra persona no va a querer negociar contigo porque prefiere perder antes que verte a ti ganar algo.

Un evento que sucedió en las carreras de autos NASCAR ilustra perfectamente que hay personas que prefieren perderlo todo antes que ver a la contraparte triunfar. Realmente no sé mucho de este tipo de competencias, pero mi papá es aficionado y desde pequeña lo veía disfrutar este tipo de eventos.

Aunque era muy chica, recuerdo en especial una carrera que nunca he olvidado. Fue el día de la famosa competencia de autos Daytona 500, el 18 de Febrero de 1979.

—¡María, María! —me llamó mi papá muy agitado, como si se tratara de una emergencia.

—¿Qué pasó? —le respondí desde mi cuarto.

—Ven pa'cá, ¡mira esto! —dijo, afanado.

—¡Ya voy! —respondí mientras caminaba rápidamente hacia la sala.

—Apúrate que te lo vas a perder. ¡Estos dos pilotos se volvieron locos!

Llegué a la sala de la televisión y encontré a mi papá muy exaltado. Mientras veíamos lo que sucedía, me explicó que generalmente en estas competencias hay un piloto que se adelanta a los demás y se sabe de antemano quién va a ganar la carrera. Sin embargo, en esta ocasión había dos pilotos peleándose por el primer lugar. No se sabía quién iba a ganar y el piloto que ocupaba el tercer lugar iba tres vueltas detrás de ellos.

Lo que hacía a esta carrera tan única e interesante era que estos dos pilotos, Cale Yarborough y Donnie Allison, se odiaban a muerte. En vísperas de la Daytona 500, durante las entrevistas con los periodistas, ellos se insultaban y ofendían mutuamente.

Cualquiera pensaría que en vez de competir en una pista de autos, iban a encontrarse en un cuadrilátero de boxeo.

Durante toda la carrera las cámaras de televisión mostraron a estos dos pilotos cambiar de puestos constantemente. Uno de ellos se iba adelante por unos segundos, pero rápidamente el otro lo alcanzaba; después, el otro auto tomaba la delantera y el de atrás aceleraba y lo rebasaba. De repente, ambos pasaron la bandera blanca, o sea, acababan de entrar en la última vuelta de la carrera. En la vuelta final ya no intercambiaban puestos, sino que iban nariz con nariz. Inesperadamente, Donnie golpeó el carro de Cale con la intención de empujarlo hacia la grama y sacarlo de la pista. Cale reaccionó furioso y le devolvió el golpe, chocándolo con la trompa de su auto. Cale volvió a atacar. Los dos autos lanzaban chispas y botaban humo. Esto ya no parecía una carrera de pilotos profesionales sino una escena de "carritos locos". En medio de la riña, uno de ellos le pegó tan fuerte al otro que se estrellaron contra la pared y el impacto los hizo rebotar y empezaron a dar trompos. Los autos estaban tan fuera de control que se salieron de la pista y llegaron al área de la grama. Por suerte, ninguno de los autos quedó tan dañado como para no poder continuar la carrera. Yo pensé que ambos pilotos iban a acelerar y regresar a la pista para llegar a la meta. ¿Crees que lo hicieron? ¡Por supuesto que no! Se bajaron de su auto y avanzaron uno en dirección del otro; se les notaba rabiosos. Como dos pandilleros, empezaron a darse puños y patadas. Insultos a diestra y siniestra. Puño viene y puño va. Mientras tanto, mi papá se paraba, se sentaba, alzaba las manos, se tocaba la cabeza y daba alaridos. En las gradas había una euforia total; nadie podía creer lo que estaba sucediendo. Todos estábamos sorprendidos. No obstante, ¿sabes quién era el más sorprendido ese día? Richard Petty, el piloto que iba en tercer lugar, quien se aprovechó de la situación y apretó el acelerador con todas sus fuerzas. Finalmente, Petty llegó en primer lugar y se metió al bolsillo cien mil dólares. Cale Yarborough y Donnie Allison pudieron haber ganado, uno de primero y otro de segundo, pero optaron por la peor opción: ¡perder!

Esta historia muestra que cuando el ego se apodera de ti durante una competencia, un negocio, un noviazgo, un matrimonio o una amistad, se pierde la perspectiva, te vuelves ciego y se te olvida completamente el propósito que originalmente tenías. Tanto en el amor como en los negocios, nunca dejes que tu ego se interponga y trunque tus planes. No ofendas, ni mucho menos amenaces: ésta no es la manera para lograr tu cometido. Lo que sí funciona es elevar el ego. Ésta es una táctica de negociación que no cuesta nada, y siempre que la uses recibirás muchísimo a cambio.

Deja tu orgullo a un lado

En el lejano siglo dieciséis, el ego de un famoso artista fue herido durante la creación de una de las obras más famosas que ha dado el mundo. El incidente que voy a relatar enseña la estrategia de negociación más efectiva para llevarte bien con los demás y mantener la armonía en todo momento.

Corría el año 1502; un inexperto escultor arruinó un enorme y costoso bloque de mármol frente a la Catedral de Santa María del Fiore en Florencia, Italia. Sin quererlo, el novato artista había abierto un hueco donde se suponía que se iba a esculpir una de las piernas de una majestuosa figura masculina.

El Alcalde de la ciudad, furioso por semejante atrocidad, decidió contratar a otros escultores para que trataran de arreglar el hueco. Uno de los entrevistados fue Leonardo da Vinci, quien aseguró:

—Señor Alcalde, le tengo muy malas noticias: ¡este pedazo de mármol ya no sirve para nada!

El Alcalde, después de entrevistar a varios escultores, había decidido que era hora de botar el pedazo de mármol a la basura cuando llegó un joven artista. Éste, después de examinar la pieza, dijo: "Si usted me permite adaptar la pose de la figura para que no se note este hueco tan espantoso, yo le garantizo que puedo hacer una magnífica obra de arte", aseguró el talentoso Miguel Ángel. Y éste es el origen del *David*.

La historia cuenta que Miguel Ángel trabajó intensamente en esta obra durante tres años. Cuando estaba a punto de entregar su escultura, el Alcalde, quien tenía fama de arrogante, llegó sorpresivamente al taller de Miguel Ángel; caminó lentamente alrededor de la obra y la miró detenidamente, de arriba abajo.

—¿Qué le parece? —preguntó Miguel Ángel, esperando oír palabras de felicitación por su magnífico trabajo.

—Puedo notar que ha trabajado con esmero y el hueco no se nota, pero veo que el *David* está muy narizón y eso no me gusta. ¡Por favor arregle eso inmediatamente! —exigió con aire de sabelotodo.

Miguel Ángel tenía todo el derecho de pensar: "¡Este viejo es un ignorante que sólo sabe de política y no tiene ni idea de escultura!" Y pudo haberle alegado furioso: "Déjeme decirle que la proporción de esta escultura es perfecta con relación a las dimensiones del cuerpo humano. Usted está mirando esta obra desde un ángulo que no le da la perspectiva correcta, así que me niego, ¡no voy a cambiarle absolutamente nada!" Sin embargo, al joven escultor no le convenía refutar. El Alcalde le había conseguido otros clientes y empezar a pelear podía perjudicarlo y poner en peligro la oportunidad de negociar futuros trabajos. Inclusive, una discusión acalorada con un hombre tan poderoso podía arruinar su carrera de artista.

Miguel Ángel, con apenas 24 años de edad, sabía que en algunos momentos es necesario tragarse el ego, y para convencer a otro es mejor hacerlo con acciones y no con palabras. Así que en vez de tratar de persuadirlo, se subió a la escalera con el cincel y el martillo en una mano, y en la otra, un puñado de polvo de mármol que había recogido subrepticiamente del suelo. Subió la escalera del andamio y llegó hasta la nariz del *David*. Empezó a simular cincelazos y martillazos mientras dejaba caer al piso los residuos del mármol que tenía en la mano. Luego de hacer esto por varios minutos, dijo:

—Alcalde, acérquese y dígame que opina ahora de la nariz.

—¡Ahhh! ¡Ahora sí, mi querido Miguelito! —dijo con euforia y añadió—. ¡Se ve muchísimo mejor!, hasta parece que estuviera vivo.

Deberíamos de aprender del incomparable Miguel Ángel. En vez de querer imponer nuestro punto de vista todo el tiempo para probar que estamos en lo correcto, de vez en cuando, podríamos hacer creer a otros que tienen la razón. Imagínate la cantidad de discusiones, peleas, ¡y hasta guerras!, que se evitarían si dejáramos de tomar las cosas de manera tan personal y pusiéramos nuestro ego a un lado.

Siempre habrá ocasiones en las que sentirás que tu ego ha sido lastimado, especialmente cuando piensas que has hecho algo bien y llegan a criticarte. Por ejemplo, cuando has trabajado arduamente en un proyecto y otro no reconoce tus esfuerzos. Uno de los retos más grandes que tenemos los seres humanos es lograr llevarnos bien con otros y vivir en armonía.

Espero que recuerdes esta historia de Miguel Ángel y la próxima vez que te encuentres ante una situación donde tu ego es lastimado, antes de reaccionar, reflexiona qué prefieres, ¿estar en lo correcto o ser feliz?

Disfrázate de oveja

Siempre que hagas sentir a alguien más inteligente, más educado, más hermoso o más poderoso que tú, inflarás su ego y podrás hipnotizarlo para convencerlo de lo que tú quieres. Como dijo el escritor mexicano Doménico Cieri Estrada: "El elogio endereza espinas dorsales".

Ser admirado es uno de los deseos más grandes de todo individuo. A todos nos fascina que nos echen flores y nos hagan sentir importantes. ¡A nadie le gusta sentirse inferior! Por esta razón, estás más cómodo cuando estás rodeado de personas más inexpertas que tú, ya que estas situaciones te dan un sentimiento de superioridad. En cambio, cuando estás alrededor de individuos más capacitados que tú, te sientes inseguro o nervioso y te invade un sentimiento de inferioridad.

Analiza lo siguiente: de la misma forma que tú odias sentirte inferior, todo aquel con el que te relacionas tiene el mismo sentimiento. Por eso, ser prepotente y hacer alarde de tus capacidades, conocimientos y habilidades es un pecado capital para el éxito de cualquier relación, ya sea laboral, financiera o sentimental.

Las personas inseguras hablan constantemente de ellos; las personas seguras no necesitan hablar de sí mismos. Aquellos que se desviven por demostrar superioridad, generalmente no tienen muchos amigos y la gente habla de ellos a sus espaldas. Nunca hagas sentir a otro que te crees superior, porque en vez de conseguir su respeto y admiración, te ganas su enemistad y fomentas envidia. Jamás humilles a nadie haciéndolo sentir intelectualmente inferior. Mostrarte poderoso, superior y más dotado ¡cae como una patada en el estómago! Para persuadir a otro de lo que más te convenga, haz que se sienta más inteligente que tú, ¡aunque no lo sea! Como dice un adagio oriental: "Si quieres cazar al lobo, disfrázate de oveja". Si quieres convencer a un cliente, un proveedor, tu jefe, un compañero de trabajo, tu hijo, tu suegra o a tu pareja, una excelente estrategia es hacerlos sentir importantes. Cuando elevas el ego haces que la persona se sienta bien consigo misma y la motivarás a complacerte en lo que quieres. Esta cuarta estrategia de negociación se vuelve más efectiva cuando la empleas con sinceridad y respeto.

La vanidad del cliente

Para celebrar que se iba a casar, una amiga mía invitó a sus amistades más cercanas a cenar en el restaurante Mi Piace, ubicado en el famoso Colorado Boulevard en Pasadena, California. El lugar es muy popular y por eso es necesario hacer reservación, especialmente los sábados por la noche.

Mi amiga Doris y yo llegamos juntas. Ese día habíamos hecho la dieta de la toronja, así que estábamos hambrientas y dispuestas a darnos un buen banquete. Para sorpresa de todos los invitados, los novios no habían hecho reservación; al parecer, el trajín de la boda les había provocado amnesia temporal. Así que la espera iba a ser muy larga. El simpático anfitrión del restaurante nos informó que tendríamos que esperar alrededor de 45 minutos para sentarnos. Doris, quien es muy impaciente, cuando se enteró de las malas noticias empezó a protestar:

—¡No puede ser! —exclamó atónita mientras caminaba de un lado a otro—. ¡Se me va pasmar el hambre! ¿Cómo es posible que tengamos que esperar tanto tiempo para comer? ¿No pudieron haber escogido otro lugar para celebrar?

—Oye, cálmate, todavía es temprano. ¿Qué más podemos hacer? ¡Disfrutemos la espera! No es tan grave, ven aquí y mejor charlamos —sugerí para tranquilizarla.

—¡Esto es el colmo! Tendremos que esperar tanto que para cuando nos asignen una mesa los novios ya van a estar de regreso de la luna de miel —continuó refunfuñando sin parar. Se puso las manos en la cintura e impaciente entraba y salía del lugar como si fuera la sala de espera de un hospital pediátrico.

El anfitrión del restaurante, al verla tan desesperada, se le acercó y con gentileza le dijo:

—Veo que usted desea sentarse. ¿Me permite traerle una silla para que esté más cómoda? Por favor, déjeme ofrecerle una copita de vino para que disfrute la espera. Quiero que sepa que deseamos atenderla como usted se lo merece y pueda disfrutar al máximo esta noche con sus amigos —dijo sonriendo, y a los pocos minutos regresó con la silla y el vino para Doris.

Mi amiga se tranquilizó y, como por arte de magia, dejó la cantaleta. Ya no le importaba esperar, y el hambre que tenía pasó a segundo plano. La actitud tan amable de este muchacho la hizo sentir importante y consentida. Claro, tal vez en este caso influyó un poco el cuerpo escultural y los ojos azules del anfitrión que se llamaba Clark, y no me sorprendería que su apellido fuera Kent, porque estaba tan guapo como Superman. Él supo perfectamente cómo actuar y qué decir para hacer sentir bien a Doris y a todos nosotros. La pasamos felices, comimos delicioso y dejamos una muy buena propina.

Si quieres que tu negocio sea exitoso, ten en cuenta que aun si tienes mucha demanda y todo está marchando de maravilla, siempre tienes que preocuparte por mantener a tu clientela contenta. Dar un buen servicio es equivalente a elevarles el ego a tus clientes.

CORDIALIDAD ANTE TODO

Me compré un aparato que ofrecía la compañía de teléfono, el cual me permite el acceso a Internet desde cualquier lugar del mundo, ya sea desde el Cañón del Colorado, una playa de las islas griegas o desde una hamaca en la selva amazónica. Este pequeño dispositivo se conecta a mi computador muy fácilmente. Yo estaba emocionada con mi aparatito porque me iba de viaje a Pereira, Colombia, y no tendría que preocuparme en ningún momento por conseguir el acceso a Internet.

A las pocas semanas de regresar de Colombia, recibí la cuenta de teléfono. No podía creer lo que veía. Volví a leer el papel, la revisé de nuevo y, efectivamente mis ojos no me engañaban: la cuenta mensual sumaba ¡2,700 dólares! "¡No puede ser, qué barbaridad! Tiene que haber una equivocación", le dije a mi asistente, espantada, e inmediatamente llamé a la compañía telefónica para reportar el error.

—Buenas tardes, habla la operadora Nelly de servicio al cliente. ¿Cómo puedo ayudarle? —parecía la voz de una computadora.

—Llamo a reportar un error en mi cuenta de teléfono, Nelly, necesito su ayuda. Me están cobrando 2,700 dólares —expliqué y le di mis datos.

—Deme unos segundos para revisar su cuenta —tras un instante aclaró—: Señora Marín, todo está en orden, la suma de 2,700 es correcta. Puedo ver que usted utilizó el servicio de Internet en Colombia por varias horas, recuerde que la tarifa se incrementa cuando usted viaja fuera de los Estados Unidos.

—¡Qué monstruosidad! Yo no sabía que utilizar ese servicio en otro país iba a costarme esta fortuna —dije frustrada—. ¡2,700 dólares por revisar mi correo y visitar mi página de Internet!

En este momento abrí el baúl de mi mente donde guardo todos los archivos secretos sobre cada una de las técnicas, tácticas y estrategias de negociación y me pregunté: "¿Cómo convenzo a esta mujer para que elimine o, por lo menos, reduzca esta cifra tan exorbitante?"

Comencé con "la táctica de culpabilidad".

—Nadie me advirtió que ese servicio iba a costar tanto dinero. El que me vendió el aparato debió haberme informado, por eso creo que no es justo que tenga que pagar esta cifra —expliqué, tratando de sonar muy lógica y a la vez serena.

—Tal vez no leyó bien, pero en el contrato que usted firmó están las tarifas —dijo con firmeza.

Continué con "la táctica del lloriqueo".

—Le ruego que se compadezca de mí y me dé un descuento. Tengo tantos gastos en este momento que esto haría un gran hueco en mi presupuesto —dije con voz temblorosa, como si estuviera a punto de llorar.

—Lo siento mucho pero no puedo ayudarla —expresó apenada.

Decidí recurrir a "la táctica de la autoridad".

—Nelly, si tú no puedes ayudarme, por favor ¿podría hablar con tu supervisor? —le pregunté, exigente.

—Deme un segundo —contestó, y me dejó esperando en la línea por unos minutos. Al regresar, me dijo—: Ya averigüé: le podemos dar un descuento de 50 dólares.

Entonces, continué con "la táctica de hacer eco".

—¡¿50 dólares?! ¡¿50 dólares?! Nelly, esto es muy poquito, ¡auxilio! —protesté, como si lo hiciera con una corneta en la boca.

Antes de que respondiera, acudí de inmediato a la poderosa "estrategia de elevar el ego".

—Nelly, te voy a ser sincera. A mí me gusta mucho esta compañía, me fascina el servicio y la cobertura que ustedes ofrecen, estoy encantada con mi BlackBerry®. Nunca he tenido ningún problema con ustedes; es la primera vez que tengo que llamar para hacer un reclamo. He sido cliente por más de 15 años y le recomiendo esta compañía a todo el mundo. ¡Ustedes son únicos! —dije apasionadamente, como si estuviera describiendo una obra de arte. Suspiré y proseguí con la parte que más tocaría el ego de alguien que trabaja en servicio al cliente—: Te ruego que no me hagas cancelar el servicio pues me sentiría muy triste si me tengo que ir con la competencia. ¡Ustedes son los mejores, de verdad que no quiero cambiarlos! Dame un mejor descuento. Por favor, ayúdame a quedarme con ustedes. ¡Deseo seguir siendo tu clienta! —concluí con broche de oro.

—Señora Marín, estoy revisando en el sistema y veo que para clientes especiales como usted podemos hacer una excepción. Le vamos a rebajar el 60% a su balance actual. Se va a ahorrar 1,620 dólares. ¿Qué le parece?

Pensé por unos segundos insistir para conseguir un descuento mayor y pedirle a Nelly que buscara a su supervisor. Pero la verdad era que luego de escuchar lo que me dijo, sentí la misma alegría que experimentas cuando logras recuperar un documento importantísimo que se te ha borrado del computador. Así que no pedí nada más, y para cerrar esta negociación le dije a Nelly:

—La razón por la que tu compañía es tan exitosa es porque tiene empleados como tú, ¡muchas gracias!

Si desde el comienzo de la negociación me hubiera exasperado, seguramente no hubiera logrado el acuerdo al que llegué con Nelly. En este tipo de situación, ser petulante, ofensivo o prepotente no funciona, sólo hiere el ego de la otra persona, pues le envías el mensaje de que él o ella es menos que tú. Recuerda lo que mencioné antes: ¡a nadie le gusta sentirse inferior!

Muchas personas cometen el error de usar la agresividad como táctica para intimidar a la contraparte y así conseguir lo que quieren. Aquellos agresivos piensan que se van a salir con la suya debido a la famosa política de muchas empresas que dice: "el cliente siempre tiene la razón". Pero un cliente grosero casi nunca consigue lo que quiere, aunque tenga la razón.

EL EGO EN EL AMOR

No es buen negocio ser grosero con tu pareja. Aunque tengas la razón, no debes reclamarle utilizando frases que lo hieran, como las siguientes: "Eres un desconsiderado y egoísta, nunca me ayudas con los quehaceres", "Eres una desconsiderada y materialista que se gasta todo el dinero en bobadas", "Eres un parrandero y sólo te importan tus amigotes", "Eres una frívola sin sentimientos que ya no quiere ni darme un beso". Quien recibe esas flechas envenenadas no puede razonar ni aceptar su equivocación o mal comportamiento. Palabras como esas sólo atacan el ego y, peor aún, contaminan el corazón.

Hay dos estrategias eficaces para hacer caer en razón a tu pareja y así poder negociar para que transforme esos hábitos, costumbres o comportamientos que no permiten que la armonía prevalezca en la relación. La primera estrategia consiste en identificar los atributos que tu compañero tiene y reconocerlos frente a él. Por ejemplo, aunque tu esposo sea desorganizado y olvidadizo, si es responsable, espléndido, bondadoso, cariñoso o buen padre, entonces reconócele esas buenas cualidades. La segunda estrategia es agradecerle por las cosas positivas que ha hecho por ti. Por ejemplo, si se ocupa de que no falte leche en la nevera, si se acuerda de las fechas especiales o si trata bien a tu mamá, que es una cascarrabias, pero lo hace para complacerte, ¡agradécelo!

Está comprobado que tus canales de energía y conocimiento se expanden cuando aprecias a alguien y se lo manifiestas. Es decir, cuando reconoces las cualidades de otro, te beneficias. Además, al exaltar las bondades de tu pareja te empiezan a molestar menos sus malos hábitos. Aquello en lo que te enfoques y prestes atención se hará más visible y más grande. Por eso, ¡deja de enfocar tu atención en lo malo y concéntrate en las cualidades de tu amado!

Cuando reconoces en tu pareja, tus amistades o tus hijos sus cualidades, automáticamente incrementas su autoestima, y el comportamiento de esa persona cambia positivamente. En las relaciones humanas, tú juegas un papel fundamental porque eres uno de los creadores de tu realidad. En parte, tú también eres responsable de la situación de la que te quejas.

La próxima vez que quieras reclamarle a alguien, primero piensa en algún aspecto destacable acerca de esa persona. Acentúa las cualidades de los demás y verás como amansas a cualquier fiera, monstruo o bruja.

En definitiva, con quejas, ataques, insultos y críticas destructivas sólo consigues herir los egos y acabas alejando de ti a las personas, las oportunidades, los negocios y, sobre todo, el amor.

☆ ☆ ☆ ☆ ☆ ☆

RECUERDA QUE:

- *El ego es la parte más sensible y frágil de todo ser humano.* Tanto así que se puede lastimar hasta con una simple mirada. Cuando hieres el ego de alguien haces que la persona se moleste, te rechace y se resienta. Ni bromeando ni mucho menos negociando lastimes el ego de otra persona. Si hieres el ego de alguien, aunque le traigas la idea más fabulosa de este mundo, no querrá negociar contigo porque prefiere perder antes que verte a ti ganar algo.

- A todo ser humano le gusta que otros lo miren con respeto y admiración. Por eso, nunca hagas lucir a alguien mal frente a su familia, amigos, colegas, jefe, vecinos, pareja y ni siquiera frente a ti mismo, porque instantáneamente te lo ganas de enemigo.

- En el amor y en los negocios no dejes que tu ego se ponga en el medio y trunque tus planes. No ofendas, ni mucho menos amenaces; ésta no es la manera para lograr tu cometido.

- Cuando el ego se apodera de ti durante una competencia, un negocio, un noviazgo, un matrimonio o una amistad, se pierde la perspectiva, te vuelves ciego, y te olvidas completamente del propósito que originalmente tenías.

- Nunca hagas sentir a otro que eres más que él, porque en vez de conseguir su respeto y admiración, te ganas su enemistad y fomentas envidia.

- En vez de imponer tu punto de vista todo el tiempo para probar que estás en lo correcto, pon tu ego a un lado de vez en cuando y haz creer a los otros que tienen la razón.

- *Siempre que hagas sentir a alguien más inteligente, más educado, más hermoso o más poderoso que tú, inflarás su ego y podrás hipnotizarlo para convencerlo de lo que tú quieres.*

- *Cuando elevas el ego de la otra persona haces que se sienta bien consigo mismo y lo motivas a complacerte en lo que quieres. Elevar el ego de alguien no te cuesta nada, y siempre que lo hagas recibirás mucho a cambio.*

> *"Si quieres que alguien te pise, hazlo sentir inferior. Si quieres tenerlo a tus pies, hazlo sentir importante".*
>
> María Marín

Regla #5
Pon a prueba tus suposiciones

Una pareja de recién casados se encuentra en la cocina. La esposa está preparando la comida; primero adoba el pollo con los mejores condimentos, luego le corta los muslos, después cuidadosamente le corta las alas y por último lo mete al horno. El esposo observa este procedimiento extrañado y queriendo indagar, le pregunta:

—Mi amor, ¿por qué después de adobar el pollo le cortas los muslitos y las alitas para meterlo al horno?

—¡No sé!, mi mamá así lo hacía —respondió la esposa con franqueza.

Un día van a comer a la casa de la mamá de la muchacha. El joven ve la misma escena. La suegra, luego de sazonar el pollo, delicadamente le corta los muslos y las alas; intrigado, le pregunta:

—Doñita, ¿por qué, al igual que su hija, después de adobar el pollo le corta los muslitos y las alitas para meterlo al horno?

—No sé, mi mamá así lo hacía —respondió la señora con naturalidad.

Semanas después se celebra una gran fiesta familiar para celebrar los 90 años de la abuela Carmen. Allí están reunidos sus 7 hijos, 18 nietos y 42 bisnietos. La abuela no está cocinando ni mucho menos; ella se encuentra sentada muy cómodamente en un sillón viendo como todos hablan, ríen y corren de un lado a otro. Respetuosamente, el recién llegado a la familia, curioso con el asunto del pollo se acerca y le dice:

—Abuela Carmen, tengo una pregunta que lleva rondando mi cabeza desde que me casé con su nieta.

—Sí mijito, dime.

—¿Usted, al igual que su nieta y su hija, después de adobar el pollo le corta los muslitos y las alitas para meterlo al horno?

—Mijo, yo hacía eso antes, ¡pero ya no lo hago!

—¿Por qué no? —preguntó con asombro.

—Ay, mijo, hace tiempo, cuando yo era joven, ¡el horno que teníamos era tan pequeñito que el pollo no cabía!

Así como esta madre y esta hija cocinaban el pollo sin cuestionarse el porqué debían cortarle las extremidades, muchas veces nosotros, en vez de proceder de acuerdo con lo que es lógico y real, lo hacemos basados en suposiciones.

SUPONEMOS, SUPONEMOS, SUPONEMOS...

Cuando supones estás imaginando, considerando o deduciendo que algo es cierto y real, sin embargo, no existe una prueba contundente para comprobar que sea verídico lo que imaginas. Hay algunas suposiciones inofensivas que no generan consecuencias mayores, como la del pollo en el ejemplo anterior. Por otro lado, existen otras que pueden provocar consecuencias lamentables en tu vida, y de éstas son las que tienes que cuidarte.

Las suposiciones dependen de tu estado de ánimo, de tu edad, y hasta del ambiente social, económico y cultural en que te has desenvuelto. Tu mente está llena de ellas y cada una ha llegado allí por diferentes fuentes. La primera fuente viene de experiencias que has vivido en el pasado y piensas que se pueden repetir. Por ejemplo, si anteriormente estuviste en una relación con una persona en la que confiabas ciegamente y de pronto te enteras que te fue infiel, seguramente en tu próxima relación harás las siguientes suposiciones: "Si llega tarde es porque está con otra", "Si me regala flores, sin ninguna razón, es porque hizo algo malo y tiene cargo de conciencia", "Si contesta el celular en voz baja es porque está hablando con el amante". Algunas de estas suposiciones pueden ser reales y otras inventadas, pero ¡todas nos vuelven locos!

La segunda fuente de tus suposiciones viene de las situaciones que otros han vivido o experimentado. Por ejemplo, si tienes un familiar o un amigo que invirtió en la bolsa de valores y perdió gran parte de su fortuna, seguramente cuando tú vayas a invertir dinero no vas a considerar hacerlo en el mercado bursátil porque piensas que a ti también te va a ir mal. Esta manera de pensar te puede ayudar a estar más alerta, pero muchas veces te impide tomar decisiones que podrían ser beneficiosas para ti.

La tercera fuente de tus suposiciones son los libros, las conferencias, las clases y las investigaciones. Por ejemplo, si en tu clase de biología de quinto grado aprendiste que el león es el rey de la selva y es un animal salvaje y muy feroz, entonces cuando veas un león suelto y mostrando los colmillos, inmediatamente harás la suposición de que estás en peligro (y mi consejo es que esta vez, ¡le prestes atención y la des por verídica!).

Independientemente de la fuente de tus suposiciones, sean de tu propia experiencia, la de otros o evidencia científica, te sugiero que no confíes ciegamente en ellas. ¡Ojo! No estoy diciendo que nunca hagas suposiciones, ya que en muchos casos es conveniente hacerlo, pero mi consejo es que siempre las pongas a prueba.

Por ejemplo, una vez puse a prueba una suposición que muchos tenemos desde pequeños. Cuando yo tenía cinco años, me encantaba ver la televisión lo más cerca posible de la pantalla. Mi mamá siempre me decía: "¡No mires la televisión tan de cerca que te vas a quedar ciega!" Un día, mi sobrinita Isabel Cristina, de cuatro años de edad, estaba de pie con su nariz casi tocando el televisor, y le dije: "¡No mires la televisión tan de cerca que te vas a quedar ciega!" Al igual que mi mamá, yo deduje que esto era cierto sin tener ninguna evidencia. Entonces, indagué sobre esta suposición y descubrí que desde que los televisores salieron al mercado, todavía nadie se ha quedado ciego por mirar la televisión de cerca.

Piensa en la cantidad de decisiones que tomas influenciado diariamente por tus suposiciones. Éstas forman patrones de comportamiento difíciles de cambiar, y muchas veces no te dejan avanzar para conseguir lo que quieres. Las suposiciones, en vez de ayudarte a razonar, en la mayoría de los casos ¡te paralizan!

Las mujeres somos expertas en imaginar situaciones dramáticas y fatalistas cuando realmente no lo son. Por ejemplo, un día cuando mi sobrino tenía 14 años debió haber llegado a su casa a las nueve de la noche, pero ya eran las 10 y todavía no aparecía. A esa hora mi cuñada ya había llamado a la policía para averiguar si habían reportado un niño perdido, y nada. Se comunicó con la sala de emergencia de todos los hospitales para ver si había un niño herido, y nada. Finalmente, colapsada en llanto, marcó a la morgue para investigar si habían encontrado el cuerpo de algún niño, y nada. Lo chistoso es que mientras mi cuñada estaba pegada al teléfono protagonizando este drama, mi hermano Héctor estaba muy tranquilo con una cerveza en la mano mirando la televisión y le dijo a mi cuñada: "¡No te preocupes! Ese muchacho seguro está en casa de alguna noviecita".

Lo que mi hermano supuso era correcto, pero lamentablemente la mayoría del tiempo, al igual que mi cuñada, pensamos lo peor. Las cosas no son siempre de la forma que imaginamos o creemos.

El mendigo millonario

Tengo una amiga colombiana que me contó una historia de un per
sonaje de su ciudad natal. Ella conoció a un viejito que pedía dinero
al norte de la famosa Calle 15 de Bogotá. El mendigo siempre estaba
vestido con trajes rotos y sucios y caminaba muy despacio por esa
calle tan transitada de la ciudad. Nadie sabía donde dormía; sospe-
chaban que tal vez en la silla de un parque o debajo de un puente.
Algunas veces ella lo veía acompañado por un perro y no cargaba
nada más que una pequeña bolsa de tela blanca. Durante años, las
personas, con mucha lástima, le daban limosna y algunas veces le
ofrecían comida, suponiendo que tendría hambre. De repente el
mendigo dejó de caminar por la zona y los residentes de la Calle
15 pensaron que se había ido a rondar por otras calles de la ciudad.
Un día, mi amiga se llevó dos sorpresas. La primera, que el viejito
había muerto y la segunda, que era millonario. Resultó ser hijo de
una familia adinerada de Colombia y hermano de una reconocida
presentadora de un programa de televisión en este país.

Esta historia demuestra que hacemos conjeturas erróneas
basadas en la imagen que alguien proyecta, ya sea por la vesti-
menta, las joyas, las pertenencias o hasta los títulos que tenga. De
la misma forma, hacemos suposiciones equivocadas basadas en
nuestra autoestima.

Amor imposible

Muy pocas veces supones cosas a tu favor, y en la mayoría de los
casos, es reflejo de la falta de confianza en ti mismo. Estas inseguridades salen a relucir también cuando del amor y la conquista
se trata. Yo recuerdo mi amor platónico de secundaria; se llamaba
Juan Pablo. A mí nunca me pasó por la mente coquetearle ni mucho
menos hacerle saber que me moría por él. En aquellos tiempos yo

era gordita, y mi papel en la escuela, más que enamorar, era hacer reír a mis amigos; yo era famosa por ser la payasa del salón. Después de nuestra graduación de secundaria jamás volví a ver a Juan Pablo, incluso nunca supe más de él hasta el día que me lo encontré en la fiesta de los veinte años de graduados de la escuela.

—¡Hola Juan Pablo! —lo saludé y, aunque habían pasado muchos años, sentí una gran emoción.

—Perdóname pero no me acuerdo de ti —expresó con pena.

—Soy María, la que imitaba a Kiko —dije mientras inflaba los cachetes como solía hacerlo cuando estábamos en la escuela.

—¡María! —exclamó riéndose—. No puedo creerlo, nunca te hubiera reconocido en la calle. ¡Cómo has cambiado! —dijo efusivamente.

—A ti los años no te pasan, ¡sigues igualito! —comenté.

—En cambio tu estás muy diferente, ¡guau, te ves muy linda!

Empezamos a recordar los momentos que compartimos en nuestra adolescencia y hasta me atreví a confesarle que yo estuve enamorada de él. Se rio y, para mi sorpresa, me reveló que él se había hecho novio de Camila, una amiga mía, con la intención de estar más cerca de mí, pues me dijo que le fascinaba como yo lo hacía reír.

De pronto, escuché las palabras que siempre quise oír en los años de escuela; lamentablemente ahora estábamos en el año equivocado:

—"María, me encantaría invitarte a salir" —dijo en un tono muy romántico e intentó tomarme de la mano.

—Juan Pablo, no puedo salir contigo, ni con nadie: ¡estoy casada! —dije retirando mi mano, y fingí estar horrorizada cuando en realidad me dio mucho gusto oír estas palabras. Su propuesta subió la autoestima de aquella niña gordita de greñas alborotadas que pensaba que nadie podía fijarse en ella.

No tuve novios en mis años escolares porque siempre pensé que era fea y que nadie se iba a enamorar de mí. Veinte años más tarde, Juan Pablo llegó a reiterar que mis suposiciones eran falsas. La moraleja aquí es que aunque no tengas un cuerpo fabuloso, un auto lujoso o un trabajo prestigioso, no supongas que no puedes conquistar lo que quieres.

¿Por qué será que los seres humanos tenemos la tendencia a pensar lo peor? Esto lo hacemos en todas las áreas de la vida. Si queremos enamorar a un gran partido, suponemos que nos va a rechazar. Si pedimos un descuento, suponemos que nos lo van a negar. Si pedimos un aumento de sueldo, suponemos que no vamos a obtenerlo. Y si queremos cerrar un negocio, suponemos que no vamos a lograrlo. Todo esto está en nuestro subconsciente, y lo peor es que mientras más pasan los días, más arraigadas tenemos estas ideas.

Quítate la venda de los ojos

Las cosas no son necesariamente de la forma en que las percibes. Puedes pensar que una situación te está perjudicando cuando en realidad puede estarse desarrollando a tu favor. ¿Te acuerdas cuando leíste la primera regla de oro *Pide más, espera más y obtendrás más*, y recorrías la hermosa casa que te ibas a comprar en la calle Palmer 344 en Miami? ¿Recuerdas también el hombre bien vestido que llegó con un maletín en un auto negro? En ese momento te entraron los nervios e hiciste la siguiente suposición: ¡un comprador que viene a hacer una oferta! ¡Va a quitarme esta casa! ¡No puede ser! Agitado, bajaste las escaleras para hacer una oferta colosal. Ahí fue cuando decidiste ofrecerle al dueño lo que fuera con tal de no perder la casa.

¡Alto! *¡Stop!* ¡Suposición errónea!

¿Quién era ese hombre tan bien vestido que venía a tocar la puerta? Lo que jamás imaginaste es que este señor era un cobrador enviado por el banco. El dueño de esa hermosa casa se había quedado sin empleo y desde hacía seis meses no pagaba las cuotas de su hipoteca. El banco estaba a punto de quitarle la propiedad y el dueño de la casa estaba dispuesto a aceptar cualquier oferta.

Con este ejemplo quiero mostrarte que cuando negociamos tendemos a enfocarnos en nuestras presiones y nos olvidamos que la otra persona también puede tener presiones. Por ejemplo, es típico que antes de pedir un aumento de sueldo, una persona, llamémosla Sonia, se enfoque únicamente en sus propias presiones y piense que corre el riesgo de perder su trabajo, o que le va a caer mal al jefe, o que van a contratar a alguien que cobre menos. Lo que Sonia no ha tomado en cuenta es que su jefe puede tener las siguientes presiones: Sonia es inteligente, responsable y muy trabajadora, hace mi trabajo más fácil y me dolería perderla; si no le doy el aumento que ella me pide es capaz de buscar empleo en otro lado; son pocas las personas que pueden hacer su trabajo, será difícil conseguir a alguien tan capacitado.

Un paso muy importante antes de entrar a cualquier mesa de negociación es hacerte esta pregunta clave: *Si yo tengo presiones, ¿qué presiones podrá tener el otro?*

TU LISTA VERDE FOSFORESCENTE

Si un estudiante saca una mala nota en una materia y quiere negociar con el maestro para que le suba su calificación, te pregunto: ¿quién tiene la presión en esta negociación, el maestro o el estudiante? A primera vista, pensarás que es el estudiante, ya que si no pasa la materia está en riesgo de perder el año. Sin embargo, el profesor también tiene serias presiones. Él tiene que demostrar que sus estudiantes están aprendiendo, por lo tanto le conviene que saquen buenas notas en los exámenes. Si sus estudiantes continuamente obtienen bajas calificaciones, el director de la escuela, la junta de padres y el distrito escolar lo podrían calificar como un mal maestro y corre el riesgo de ser despedido.

En toda negociación cada persona entra con un listado de presiones que yo denomino "lista verde fosforescente de presiones". En ella están enumeradas las presiones de cada cual. Tu lista es invisible pero no puedes quitarle los ojos de encima. Además, el resplandor que tiene es tan intenso que no te deja ver la lista del otro. Entras a cada negociación fijándote únicamente en tus propias presiones y te olvidas de que la persona al otro lado de la mesa también tiene presiones. Darte cuenta de las presiones de la contraparte te da el poder para negociar mejor.

Digamos que eres soltero y estás buscando un apartamento para ti y para tu mascota. Encontraste uno que te gusta mucho pero el alquiler es demasiado alto para tu presupuesto. Quisieras pedirle un descuento al administrador del edificio pero no te atreves porque es un lugar muy exclusivo y seguramente te va a decir que no. Las presiones que tienes en este momento te obligan a pagar ese precio tan alto y te detienen a conseguir lo que más te conviene:

Tu lista verde fosforescente:

1. Tengo que alquilar un lugar lo más pronto posible porque necesito dejar el otro apartamento.

2. Tendré visitas en dos semanas y para recibirlos cómodamente tengo que estar instalado en un lugar como este.

3. Tengo un gato y es difícil encontrar un edificio donde permitan mascotas, pero aquí las aceptan.

4. Mi otro apartamento está localizado lejos de mi trabajo, en cambio éste está al lado de mi oficina y me voy a ahorrar mucho tiempo y gasolina.

5. Tengo clientes que vienen a verme y necesito un sitio como este que esté acorde con mi imagen.

6. En mi último apartamento me robaron y este lugar cuenta con circuito cerrado de televisión y guardia de seguridad.

7. El administrador me dijo que hay muchas personas interesadas en el apartamento y que si no me decido rápidamente se lo alquilará a otra persona.

La lista verde fosforescente del administrador:

1. Este apartamento lleva tres meses vacío y el dueño me está presionando para que lo alquile porque está perdiendo dinero.

2. Los otros edificios del barrio ofrecen alquileres más bajos y me han robado inquilinos.

3. Al último arrendatario lo tuve que echar porque no pagaba el alquiler, en cambio este solicitante muestra un historial de crédito impecable.

4. Varias personas han venido a ver el apartamento pero tienen hijos y yo prefiero a la gente soltera porque hace menos ruido, y además utiliza menos servicios de agua y gas.

5. Me voy de vacaciones mañana y me conviene alquilar este apartamento hoy mismo.

Tal vez pensaste que tú necesitabas más el apartamento, que el apartamento a ti. Cuando la realidad es que ¡ambos se necesitaban!

Hay muchas ocasiones en que la contraparte parece saber más de ti y de tus necesidades de lo que tú sabes de ella y sus necesidades. El otro lado casi siempre pareciera tener más tiempo, más poder y más astucia del que tú tienes. En ocasiones te sentirás indefenso, perdido y hasta desarmado, pero te aseguro que en toda negociación siempre, siempre, siempre, ¡te repito!, siempre, siempre, siempre ¡tú tienes más poder del que crees!

Ten en cuenta que cuando dos personas se reúnen a negociar es porque existe un interés en común. Ese interés se convierte en la presión de cada uno. Por eso, en mis seminarios sobre el arte de negociar, comparto con mi audiencia esta frase: "Una de las siguientes dos razones es la que motiva a otra persona a negociar contigo: tú tienes algo que le interesa, o está aburrido y no tiene nadie más con quien hablar". Te aseguro que la primera razón es siempre la verdadera motivación.

CREER ES PODER

Una vez conversé con un vendedor de toallas para hoteles que me dijo preocupado que los precios de las telas habían subido y que no creía que le iban a pagar 3 dólares por cada toalla. A lo que respondí: "Analiza las presiones que puedan tener tus clientes. Te aseguro que tienen muchas, y tú tienes más poder del que imaginas, ¡quien quita que estén dispuestos a pagar 5 dólares por toalla!"

El poder que cada cual tiene en una negociación está en su propia mente. Se fundamenta en tus pensamientos: si piensas que tienes poder ¡lo tienes!, y aunque lo tengas, si crees que no lo tienes… ¡no lo tienes!

Si tienes la capacidad para que las cosas se hagan a tu manera, significa que tienes poder, pero cuando crees que puedes afectar el punto de vista de la contraparte, tienes aún más poder.

Siempre tienes otra opción

Cada vez que entres a una negociación, llega con la mentalidad de que tienes más opciones. Ya sea que vayas a comprar un auto, alquilar un apartamento, solicitar un empleo o invitar a una chica a salir, piensa que si no puedes conseguir lo que inicialmente querías, siempre, siempre, siempre tienes otra opción. Esta forma de pensar te dará más poder en toda negociación. Por el contrario, si crees que no hay otras opciones, estarás a la merced de la contraparte.

Recuerdo una vez que fui a comprar un cuadro para mi nueva recámara. En la primera tienda que entré me robó la vista una hermosa serigrafía de una pareja besándose apasionadamente. Cuando pregunté el precio sólo pude decir "¡auch!", así que decidí buscar otras opciones. Al final del día decidí regresar a la tienda porque no encontré nada que me gustara tanto. Estaba lista para comprar mi pintura pero me llevé la gran sorpresa de que mi cuadro tenía pegado un gran letrero que decía "Reservado". En ese momento pensé desesperadamente: "¡No puede ser! ¡Lo quiero! ¡Lo deseo! ¡Lo necesito! ¡Tiene que ser mío!"

Que irónico: en la mañana el precio me parecía exorbitante, y en la tarde, cuando creí que no tenía más posibilidades de encontrar otro cuadro, estuve dispuesta a pagar el doble. En el instante que supe que no podía ser mío, más deseé tenerlo. Así somos: si creemos que no tenemos más opciones, nos cegamos, nos sentimos débiles y nos volvemos vulnerables. ¿Qué me hizo pensar que no podría existir otra pintura como ésta sobre la faz de la tierra? Dos días después me alegré de no haber comprado el cuadro de la pareja besándose porque encontré otro muy parecido, y éste era más barato, más grande y más bonito.

De ahora en adelante, antes de entrar a una negociación, haz una lista de todas las posibles presiones que la contraparte pueda tener y pon a prueba tus suposiciones. Recuerda: ¡tienes más poder del que imaginas!

✩ ✩ ✩ ✩ ✩ ✩ ✩

RECUERDA QUE:

- *Cuando supones algo estás imaginando o deduciendo que es real. Sin embargo, lo que imaginas no es necesariamente verídico. Ten cuidado porque puedes hacer suposiciones erróneas que provoquen consecuencias lamentables en tu vida.*

- *No confíes ciegamente en tus suposiciones; siempre ponlas a prueba.*

- *Las situaciones no son necesariamente como las percibes. Puedes pensar que algo te está perjudicando, cuando en realidad podría estar trabajando a tu favor.*

- *Un paso muy importante antes de comenzar cualquier negociación es hacerte esta pregunta clave: "Si yo tengo presiones, ¿qué presiones podrá tener el otro?" Darte cuenta de las presiones de la contraparte te da el poder para negociar mejor.*

- *Habrá ocasiones en una negociación en que te sentirás indefenso, perdido y desarmado; sin embargo, ten en cuenta que en toda negociación siempre tienes más poder del que crees.*

- *Si tienes la capacidad para hacer que las cosas se hagan a tu manera, significa que tienes poder. Pero si crees que puedes afectar el punto de vista de la contraparte, tienes aún más poder.*

- *Cada vez que comiences una negociación, hazlo con la mentalidad de que tienes más opciones. Esta forma de pensar te dará más poder. Si crees que no hay otras opciones, estarás a la merced de la contraparte.*

- De ahora en adelante, antes de comenzar a negociar, haz una lista de todas las posibles presiones que la contraparte pueda tener y, por supuesto, ¡pon a prueba tus suposiciones!

"Las suposiciones son más propensas al mal que al bien; a menudo son más injustas que justas. No son amigas de la virtud, y siempre son enemigas de la felicidad".

Hosea Ballou

Regla #6
Ganemos juntos

Hasta ahora, en los capítulos anteriores te he enseñado estrategias de negociación que te ayudan a protegerte, defenderte y a estar alerta de las tácticas que la contraparte utiliza. En otras palabras, has explorado el lado competitivo al negociar. Ahora quiero que aprendas el lado cooperativo de la negociación donde ambas partes ganan.

Digamos que acabamos de cerrar una negociación en la que ambos ganamos. Tal vez fue la compra de una casa, el descuento de un producto, las cláusulas de un divorcio, las condiciones de pago de un servicio, las estipulaciones de un contrato, o tus beneficios laborales. ¿Cuál es la imagen que te viene a la mente de esta escena en la que ambos conseguimos un buen trato? Tal vez estamos estrechándonos la mano enérgicamente mientras sonreímos. Quizás nos estamos dando un fuerte abrazo mientras me das unas palmadas en la espalda. A lo mejor saltamos de alegría o posiblemente ponemos el pulgar hacia arriba en signo de aprobación. Todas estas manifestaciones de júbilo y emoción demuestran que los dos nos sentimos muy satisfechos. Quedar contento es esencial en cualquier negociación, pero ¡ojo!, no necesariamente significa que ambos ganamos.

Es decir, para que ambos realmente ganemos, se requiere de algo más que ese sentimiento electrizante de dicha que experimentamos cuando le damos la mano a alguien al cerrar un trato. Negociar es un juego psicológico tan fascinante que incluso puede pasar que dos personas queden satisfechas, y sin embargo, una gane y la otra pierda. También puede suceder que dos personas ganan, pero una queda contenta y la otra insatisfecha.

A continuación, te voy a dar un ejemplo que comprueba esta interesante contradicción. Hace muchos años se llevó a cabo una negociación entre los abogados de una compañía farmacéutica y unos pacientes. Éstos habían consumido cierto medicamento producido por la farmacéutica, el cual les había provocado la pérdida del cabello y de la vista. Cada paciente demandaba una compensación de un millón de dólares. La compañía farmacéutica se negaba a pagar tal suma de dinero; sus abogados defensores alegaban que las instrucciones tenían ciertas advertencias que los usuarios no habían respetado.

Tras el proceso de negociación, la farmacéutica se comprometió a pagar compensaciones cuyo rango era muy amplio: de 36,000 a 850,000 dólares. Así que, en términos de dinero, hubo pacientes ganadores y otros perdedores.

Una de las víctimas, Harry, logró ganar 850,000 dólares. No sólo acabó con más dinero que los otros, sino que esta cantidad era 20 veces mayor que la de personas en su misma posición. Harry fue claramente un ganador. Por otro lado, Anthony, el abogado que le pagó a Harry los 850,000 dólares, fue claramente un perdedor, porque concedió más dinero que cualquier otro abogado. De la misma forma, hubo un demandante llamado Roger que fue un evidente perdedor, porque luego de que se le cayera el cabello y quedara ciego, recibió únicamente 36,000 dólares. Pero al mismo tiempo Edward, el abogado que negocio esta suma, fue indiscutiblemente un ganador porque pagó menos que cualquiera de los otros abogados.

Lo interesante es que cuando les preguntaron a todos los demandantes cuál había sido su nivel de satisfacción después de la negociación, en una escala del cero al diez, todos manifestaron un nivel de satisfacción muy alto.

Estos fueron los resultados:

Insatisfecho										Satisfecho
0	1	2	3	4	5	6	7	8	9	10

Harry: 9.3   Anthony: 8.8

Edward: 9.5   Roger: 7.9

Esto demuestra que todos quedaron altamente satisfechos, pero no necesariamente todos ganaron. Si ganar-ganar fuera únicamente el resultado de sentirte satisfecho, entonces un consejo para tu próxima negociación podría ser: ten expectativas bien bajas y deja que el otro se lleve un costal lleno de beneficios. De esta manera tú quedas satisfecho porque por lo menos cerraste el trato y la otra persona queda satisfecha porque se llevó mucho. Pero ¡definitivamente este no es un buen trato y ése no es un buen consejo! Para algunos, ganar significa sacar ventaja de la situación, en tanto para otros, afortunadamente, ganar es llegar a un acuerdo que beneficie a todos.

Ganar en una negociación no es como ganar en un deporte. Un triunfador en negocios es aquel que sabe cooperar y conciliar inteligentemente para que todos ganen. Ganar-ganar es la actitud que te permite tener en consideración las necesidades propias tanto como las ajenas.

Ganar-ganar es la capacidad para llegar a un acuerdo favorable en el que las dos partes salen bien. Es decir, se logra un beneficio mutuo, ya que cada cual se preocupa tanto por los intereses propios como por los intereses ajenos.

Dos estilos de negociar

Existen dos estilos de negociar: el estilo distributivo y el estilo creativo. El estilo distributivo es cuando divides todo lo que hay sobre la mesa de negociación en porcentajes iguales (50%-50%) o en porcentajes diferentes (30%-70%), (40%-60%), (80%-20%).

Por ejemplo, imagina que tenemos un sabroso pastel de chocolate dividido en ocho rebanadas, el cual tú y yo vamos a compartir. En una negociación distributiva, lo podemos dividir de las siguientes formas: cuatro y cuatro, seis y dos, cinco y tres o uno y siete. ¿Con cuántas rebanadas debería quedarse cada quien para que ambos ganemos? Seguramente pensarás que lo más justo y equitativo sería que cada cual se quedara con cuatro rebanadas. Pero que tal si quisieras cederme tres rebanadas y quedarte con cinco rebanadas, porque eres un glotón y te encanta el chocolate. Pero yo no estoy dispuesta a aceptar únicamente tres rebanadas porque a mí también me fascina el chocolate, y además tengo hambre. ¡Ambos queremos cinco rebanadas y sólo hay ocho! ¿Qué podrías hacer? ¿Cómo me convencerías? ¿Cómo llegamos a un acuerdo?

En negociaciones como estas, muchas personas se quedan atascadas y no logran llegar a un acuerdo. Piensan que es imposible satisfacer las necesidades del otro. Esto ocurre frecuentemente con la pareja, el vecino, los hijos, los amigos y con el jefe. Es en estos casos que salen a relucir frases como: "Esto no es justo", "tú siempre quieres más", "Eres un ventajoso", "Yo siempre doy y tú nunca das nada", "Yo no soy bobo", etcétera. El problema aquí es que te enfocas únicamente en "el pastel" y no ves las otras opciones que hay alrededor.

La solución está en olvidarte del tamaño del "pastel" y traer elementos que antes no existían en la mesa de negociación. Tal vez te cuestionas: ¿qué otros elementos hay? Es en este momento cuando debes usar el "estilo creativo" de negociar, mejor conocido como ganar-ganar.

EL PERRO BLANCO

Cuando eres creativo aparecen oportunidades que antes no existían. Te aseguro que en la mayoría de los casos, lo que la contraparte pide no es necesariamente lo que desea. Para que entiendas a lo que me refiero, te voy a relatar una historia que ilustra cómo puedes satisfacer las necesidades de otro sin necesidad de darle todo lo que te pide.

Había una vez un señor que se vio involucrado en una situación muy comprometedora. Su hijo tenía varicela y había tenido que faltar al colegio los últimos cinco días.

—Papá, ¿me compras un perrito? —le pidió el hijo con voz de enfermo.

—Claro, ¡te lo voy a comprar! —prometió complaciente, con mucha lástima por su hijo enfermo.

—Papito, pero ¿sabes qué? Quiero que mi perrito sea blanco, ¿sí? —aclaró el pequeño con un brillo en los ojos.

El señor se fue en busca del animal. Entró a la primera tienda de mascotas que encontró: había muchos perritos, todos muy bonitos, enternecedores, pero ninguno era blanco. Se dirigió a otra tienda, pero aquí no tenían perros, sólo pájaros, conejos, peces y gatos. Entonces, lleno de esperanza, decide manejar unas millas más hacia el norte, donde le habían informado que había una tienda con más surtido. Al llegar, se emocionó cuando vio que había muchos perritos. Empezó a observar las jaulas y descubrió que había perros de todos los colores: negros, marrones, grises, caramelo, dorados, con manchas, pero lamentablemente ninguno blanco.

Desilusionado y triste, decidió irse. Camino a su hogar pasó frente a una casa donde estaba un niño jugando con un cachorrito blanco tan hermoso que parecía de peluche. Para su sorpresa, un letrero proclamaba: Perro a la venta. Observó que el letrero incluía el precio, pero no podía leerlo desde lejos. Detuvo el auto y se dirigió emocionado hacia el niño, quien acariciaba al perrito blanco.

—Qué felicidad, ¡encontré el perrito para mi hijo! —pensó.

Entonces reparó en el letrero: Perro a la venta, 2,000 dólares. Al señor le dio risa e hizo caso omiso del precio.

—Oye niño, ¡qué perrito tan lindo! ¿Cuánto vale? —preguntó.

—2,000 dólares —contestó el pequeño con lengua de trapo, de esas que se pegan al paladar.

—¡Qué simpático eres! —exclamó y continuó—: Mira, criatura, es que mi hijo está enfermito y quiere un cachorrito blanco, así como el que tú tienes. ¿Cuánto quieres por él?

—Ya le dije, ¡2,000 dólares! —aclaró nuevamente el pequeño negociante.

El señor se queda pensando: "Este niño no conoce el valor del dinero. Le voy a mostrar un billete de 100 dólares y me llevo el perrito de una vez". Se metió la mano al bolsillo, sacó una paca de billetes de donde eligió uno de 100 dólares y lo sacudió frente al niño.

—¿Me llevo el perrito entonces? —dijo moviendo el billete como si fuera un dulce.

—Señor, ya le dije que vale 2,000 dólares —repitió el niño molesto.

—¡Tú estás loco! Ese perro no tiene ni pedigrí; además se debe ensuciar muy fácil por ser tan blanco —gritó el señor.

—¡Ya le dije que el perro cuesta 2,000 dólares, y no le rebajo ni un dólar! —vociferó mientras entraba a la casa con el perro.

El señor quedó muy frustrado. Se subió de mal humor al carro y arrancó violentamente, a toda velocidad. Al día siguiente, cuando regresaba del trabajo, pasó frente a la misma casa. Esta vez, el niño estaba jugando con dos gatitos y no se veía el perrito blanco por ninguna parte. Esta vez el letrero advertía con enormes letras rojas: VENDIDO. Incrédulo, el señor se bajó del auto para averiguar que había sucedido con el perro.

—¿Dónde está tu perrito? —preguntó amigablemente.

—¡Lo vendí! —dijo con cara de satisfacción mientras jugaba con los dos gatitos.

—¿Cómo así que lo vendiste? —preguntó desconfiado.

—Sí, ¡lo vendí! —afirmó el pequeño asintiendo con la cabeza.

—¿Y por cuánto lo vendiste? —cuestionó con ironía.

—¡Por 2,000 dólares! —respondió el muchachito con mucho orgullo.

—¡Eres un mentiroso! —dijo ofuscado el señor.

—¡Es la verdad! Yo no digo mentiras —aseguró casi llorando.

—¿Y quién diablos te pagó 2,000 dólares? —preguntó groseramente.

—Se lo vendí a mi vecina Carlita —explicó señalando la casa de enfrente.

—¿Sí?, a ver, cuéntame ¿cómo te pagó tu vecinita? Dime, ¿te dio efectivo? ¿Pagó con cheque? ¿Usó tarjeta de crédito? ¿Giro postal? Quiero saber, ¡dime! —interrogó muy alterado.

En ese momento, el niño agarró los dos gatitos y con uno en cada mano, alzó los bracitos y dijo con orgullo:

—Le cambié mi perro a Carlita por estos dos gatitos que valen ¡1,000 dólares cada uno!

Encuentra los Gatitos

En la anterior negociación, el señor se enfocó únicamente en el dinero que el niño exigía y no se le ocurrió buscar otra opción para satisfacer al chiquillo. Esta historia muestra que muchas veces no podemos ver soluciones porque nuestra atención está enfocada en una sola cosa: las exigencias de la contraparte. Creemos que no podemos darle lo que nos están pidiendo. Date cuenta que la contraparte verdaderamente busca satisfacción, y cuando se la das, logras convencerlo de lo que tú quieres.

El señor pensó que la única forma de cerrar el trato era con dinero, pero el pequeño, como cualquier negociador, buscaba satisfacción, y Carlita lo logró al darle dos gatitos.

¡Abre bien los ojos! En toda negociación, siempre hay gatitos escondidos, y para encontrarlos, sólo tienes que ser creativo. Cuando estábamos negociando el pastel de chocolate, te enfocaste únicamente en los pedazos que yo te pedía y tú no querías darme. No se te ocurrió que había otras formas para complacerme. Si me hubieras ofrecido un sándwich de queso y un disco de Lady Gaga, tal vez te hubiera cedido todo el pastel.

Por eso, definitivamente la mejor manera de encontrar los gatitos escondidos es utilizar el estilo creativo para negociar: ¡ganar-ganar!

Ganar-ganar

Ese momento de la negociación, cuando te sientes estancado y no sabes qué hacer para llegar a un acuerdo, es cuando debes recurrir a dos preguntas claves que despierten tu creatividad para así encontrar aquello que satisfaga al otro y a la vez cerrar un trato conveniente para ambos. Pregúntate:

1. ¿Qué necesidades o intereses tiene la contraparte que yo puedo cubrir?

2. ¿Qué recursos o bienes tengo yo que la contraparte puede utilizar? Te garantizo que si te haces estas dos preguntas puedes encontrar la forma de llegar a un acuerdo. Cuando intercambiamos mis necesidades con tus bienes, creamos la pauta ganar-ganar.

Pongamos en práctica el estilo creativo de negociar. Imagina que necesito comprar 1,000 tazas para la cadena de restaurantes de mi tío. Contacto a una compañía que vende tazas al por mayor. El vendedor me dice que el precio unitario es un dólar. Esta cantidad se sale de mi presupuesto. Por lo tanto decido negociar.

—No puedo pagarle un dólar por cada taza. Mi presupuesto es de 90 centavos por cada una —digo con firmeza.

—María, no puedo darle un descuento. ¡Este no es el barrio Chino de Nueva York! —dice el vendedor con humor.

—Me gustaría pagarle más pero realmente no tengo el dinero —explico.

—Si le vendo cada taza a 90 centavos no obtengo ganancias —replica él.

En este momento la negociación está estancada. Ambos nos sentimos impotentes porque realmente no hay margen para negociar y estamos muy firmes en nuestras posturas. Si fueras el vendedor, ¿qué harías para venderme las tazas por 90 centavos y a la vez beneficiarte tú? Seamos creativos. Te propongo que cada uno se haga las preguntas claves de la negociación: 1. ¿Qué necesidades o intereses tiene la contraparte que yo puedo cubrir? 2. ¿Qué recursos o bienes tengo yo que la contraparte puede utilizar?

Aquí tienes la lista de 10 diferentes ideas que podrías proponerme para llegar a un acuerdo que nos convenga a ambos. Estoy segura que una de ellas me va a convencer.

1. María, en vez de escoger esas tazas, te ofrezco otras más pequeñas y delgaditas, que son más baratas.

2. Si me compras 3,000 tazas en vez de 1,000, puedo darte el precio que quieres.

3. Si me pagas las tazas por adelantado y en efectivo, te doy el descuento.

4. Si les ponemos el logo de mi compañía a las tazas, te las puedo vender a un precio más bajo, ya que le estarías haciendo publicidad a mi negocio.

5. Si además de las 1,000 tazas también me compras 1,000 platos, te puedo dar la rebaja.

6. Si me consigues tres clientes que quieran comprar mis productos, te las dejo en 90 centavos.

7. Si tú te encargas de recoger las tazas en el almacén y no tengo que hacer la entrega, te puedo dar ese precio ya que me economizo el transporte.

8. Esta vez te las vendo en 90 centavos si te comprometes a comprarme tazas por los próximos tres años.

9. Si me das 30 cupones válidos para comer gratis en los restaurantes de tu tío, te dejo las tazas al precio que quieres.

10. Te las vendo en 90 centavos si me consigues cuatro boletos en primera fila para el concierto de mi cantante favorita, Shakira.

¿Te das cuenta de lo efectivo que es ser creativo? Antes estábamos estancados y ahora tenemos 10 opciones para escoger la que más nos guste, y que ambos quedemos satisfechos.

¿Y SI NO HAY INTERÉS?

Continuamente las personas me preguntan: ¿Qué hago si yo quiero negociar con alguien pero a esa persona ni siquiera le interesa hablar conmigo? Lo primero que respondo es: eso no es una negociación, porque si lo fuera tendría que haber un interés de ambas partes. Sin embargo, aunque el otro no quiera ni voltear a mirarte, te garantizo que él tiene necesidades, y si las descubres puedes despertar su interés y crear una negociación.

Digamos que un hombre quiere invitar a salir a una muchacha pero a ella no le interesa en lo más mínimo salir con él. Después de indagar con sus amigos, él descubre que a ella le apasionan los caballos. Entonces él decide acudir al estilo creativo de negociar y se hace las dos preguntas claves. ¿Qué necesidades tiene ella que yo puedo cubrir? ¿Qué recursos tengo yo que ella puede usar? Ahí mismo, se le prende el bombillo y descubre que hay dos propuestas que van a atraer el interés de la joven. Se encuentra con ella y muy amistosamente le empieza a hablar:

—Me enteré que sabes mucho de caballos, que casualidad, ¡a mi también me encantan! Precisamente he decidido comprar uno y quiero saber si te gustaría ayudarme a escogerlo este fin de semana.

¿Qué crees que va a decir la joven vaquera?

—Claro que sí, ¡me encantaría! Anota mi teléfono.

Esto no le garantiza al muchacho que va a conquistar a la chica, pero por lo menos despertó algún tipo de interés en ella.

La estrategia de ganar-ganar es muy útil y efectiva en todas las negociaciones de tu vida. Te la recomiendo especialmente cuando quieras mantener la armonía y la cordialidad con tu familia, tu pareja, tus amigos y hasta con tu ex. Cuando se trata de rupturas amorosas como la de un divorcio, muy pocas veces se pone en práctica el estilo creativo. La estrategia más popular para llegar a un acuerdo en este tipo de situaciones es el estilo distributivo: mitad y mitad.

Para aquellos en proceso de separación de bienes, les propongo aprovechar el estilo creativo para que ambos ganen. Esto se lo recomendé a mi amiga Sandra, quien no quería ver ni en pintura a su ex.

Sandra llevaba viviendo con Mark 5 años. De esta unión resultaron una casa, dos automóviles, una empresa de pastelería y muchas lágrimas. A la hora de repartirse las posesiones el dilema era ¿quién se queda con qué? Sandra quería quedarse con la empresa, pero su ex también quería lo mismo. La atención de los dos estaba puesta únicamente en el negocio, y no podían ver "los gatitos" escondidos en esta negociación. ¿Qué crees que hicieron? ¿Vendieron la empresa y dividieron las ganancias 50 y 50? No. El negocio era demasiado lucrativo para perderlo.

¿Siguieron trabajando juntos? No. La ganancia anual de la empresa no era motivación suficiente para verse las caras todos los días. ¿Sandra le compró la mitad de la empresa a él? No. Él no le iba a dar ese gusto a ella. ¿Mark le compró la mitad de la empresa a Sandra? No. El ego de ella no se lo permitía.

Pese a todas las heridas en el corazón de cada uno, decidieron unir fuerzas. Se les ocurrió la idea de abrir una segunda pastelería para Mark. Para esto, Sandra tuvo que ceder el dinero que le correspondía por la venta de la casa pero a cambio se quedó con la pastelería original. Mark compró un nuevo local, el cual puso a andar con el dinero de la venta de la casa y se mudó al segundo piso del nuevo establecimiento. Sandra alquiló un apartamento modesto para vivir. Cuando les tocó dividir los artículos de la casa, ella le cedió los CDs a Mark a cambio de que él le diera los libros y las plantas. Mark le cedió los cuadros y la lavadora a cambio de la bicicleta estática y el televisor. Las ganancias se incrementaron y los dos ganaron. Nadie volvió a llorar y años más tarde se volvieron muy buenos amigos.

Usa el trueque

En la antigüedad no existía dinero para comprar bienes. El método utilizado para adquirir aquello que necesitabas era intercambiar tus posesiones por lo que deseabas. A esta manera de intercambio se le llamó trueque, la forma más primitiva del estilo creativo de negociar.

Según fue creciendo la actividad comercial y fueron apareciendo nuevos productos, el trueque se volvió poco práctico por dos razones. La primera es que la otra parte no siempre necesitaba aquello que se le ofrecía. Por ejemplo, si un artesano de sandalias quería comprar pan, siempre debía encontrar a un panadero que necesitara sandalias. Pero si el panadero, en vez de sandalias, necesitaba ollas, entonces el artesano tenía que intercambiar las sandalias por ollas con otra persona, para luego conseguir el pan. La segunda razón por la que el trueque perdió su efectividad fue por lo difícil que era determinar el valor justo y exacto de los productos. ¿Cuántas manzanas equivalían a un jarrón de vino? ¿De qué tamaño debía ser el jarrón? ¿Cuántas cobijas de lana equivalían a tres gallinas?

Los productos se empezaron a valorar por su utilidad; por lo tanto, las herramientas y las armas eran muy apetecidas. Otro modo de valorar las mercancías era según la facilidad con que se elaboraban y los materiales de los que estaban hechas. Así surgieron los llamados "precios de dote". Por ejemplo, en Egipto un hombre que buscaba compañera tenía que poseer ocho vacas para intercambiarlas con la familia de su futura esposa.

Con el tiempo, se idearon artículos para ser usados como moneda de intercambio. Así fue como en China se crearon unos ladrillos de té que todo el mundo deseaba tener porque era un medio de intercambio muy práctico ya que duraba mucho tiempo sin dañarse y además se podían dividir en ladrillitos más pequeños para así comprar otros objetos que no valían tanto. En el otro lado del mundo, los indígenas americanos utilizaban semillas de cacao y granos de maíz como moneda.

Aunque han pasado muchos siglos desde los comienzos del trueque, su uso sigue vigente. Estoy segura que desde pequeño has recurrido a él. Tal vez le cambiaste a un amiguito un muñeco por un balón, o le vendiste a tu hermano tu silencio a cambio de su reloj. O quizás intercambiaste con un compañero de la escuela hacerle la tarea a cambio de su merienda. Deberías recuperar la creatividad que tenías cuando pequeño para negociar. Son muchas las negociaciones que enfrentarás en las que el objetivo no es ganar dinero.

Recuerda al niño que quería 2,000 dólares por su perrito pero quedó feliz con dos gatitos. La persona con la que estás negociando siempre quiere satisfacción. Un buen negociador es aquel que sabe usar su creatividad para traer satisfacción a la mesa de negociación. La estrategia de ganar-ganar es importante no solamente porque ambos ganan, sino porque establece relaciones saludables y duraderas, que te benefician a ti, a tu empresa, a tu familia, a tus amigos y ¡al mundo entero!

☆ ☆ ☆ ☆ ☆ ☆

Recuerda que:

- *Quedar contento es esencial en cualquier negociación, pero no necesariamente significa que ambos ganan. Ganar-ganar es la capacidad para llegar a un acuerdo favorable en el que las dos partes se ponen creativas y ambas ganan más.*

- *Existen dos estilos de negociar: estilo distributivo y estilo creativo. El estilo distributivo es cuando divides todo lo que hay sobre la mesa de negociación en porcentajes. El estilo creativo, mejor conocido como ganar-ganar, consiste en traer a la mesa de negociación elementos que antes no existían. Es decir, haces que el "pastel" sea más grande para que ambos tengan más para dividir.*

- *Cuando te sientas estancado y no sabes qué hacer para llegar a un acuerdo, formúlate estas dos preguntas claves: ¿qué necesidades o intereses tiene la contraparte que yo puedo cubrir?, ¿qué recursos o bienes tengo yo que la contraparte puede utilizar? Cuando intercambias necesidades y bienes, creas la pauta ganar-ganar.*

- *Aunque otro no quiera negociar contigo, puedes despertar su interés y conseguir lo que quieres si le ofreces satisfacer una o varias de sus necesidades; sólo tienes que descubrirlas.*

- *La estrategia de ganar-ganar es muy útil y efectiva en todas las negociaciones de tu vida; especialmente para cuando quieras mantener la armonía y la cordialidad con tu familia, tu pareja, tus amigos y hasta con tu ex.*

"A menos de que ambas partes ganen, no hay acuerdo que pueda ser permanente".

Jimmy Carter

REGLA #7
Cree en ti

Te garantizo que las seis reglas de negociación que has aprendido hasta ahora: Pide más, espera más y obtendrás más; Da poquito y despacito; Piensa antes de hablar; Eleva el ego; Pon a prueba tus suposiciones; y Ganemos juntos, serán aún más efectivas cuando pongas en práctica lo que voy a enseñarte en este capítulo.

Aquí vas a descubrir el arma más poderosa que existe para cerrar un trato y también para lograr tus sueños. Esta herramienta te va a ser útil estés donde estés, hagas lo que hagas y emprendas lo que emprendas. Debes hacerla parte integral de ti, como lo son tus manos, tus ojos o tu boca. Esta arma mágica, y tan efectiva en el juego de vivir y en el arte de negociar es ¡creer en ti! ¿Sabes cuál es la diferencia más grande entre un buen negociador y un mal negociador? ¿Su nivel de educación? ¿Su inteligencia? ¿Su persistencia? ¡No! Ninguna de las anteriores. Lo que te convierte en un excelente negociador es tu nivel de seguridad, es decir, cuánto crees en ti.

Tú naciste lleno de valentía, vienes a este mundo sin miedos y muy seguro de ti mismo. Sin embargo, según vas creciendo vives experiencias que poco a poco roban tu seguridad. Algunas de estas experiencias traumáticas que hacen a cualquiera dudar de sí mismo pueden ser: una traición, un rechazo, un accidente, una enfermedad, una agresión, un divorcio, un fracaso, la pérdida de algo valioso o la muerte de un ser querido. Todos hemos vivido una experiencia triste que en algunos casos puede llegar a traumatizarnos y cambiar completamente el curso de nuestras vidas. Eso me pasó a mí.

Desde muy pequeña me distinguí por hablar hasta por los codos, y mi gran anhelo era capturar a una audiencia que escuchara embelesada mis ocurrencias. Hacía cualquier cosa para llamar la atención; innumerables fiestas familiares se vieron interrumpidas con las poesías, los bailes y las canciones que yo insistía en presentar. Para entonces, no tenía idea cuál sería mi profesión, pero siempre me visualizaba frente a un público.

Cuando niña, mi primer plan fue convertirme en Miss Universo. Una meta bastante descabellada para una muchachita torpe, gordita ¡y con una cabellera que parecía un matojo de greñas alborotadas! Está de más decir que ese sueño no se materializó. Sin embargo, aunque nunca desfilé con cetro y corona sobre una tarima, mi carrera me permite subirme a los escenarios internacionales, no como reina de belleza, sino como motivadora.

Si un día alguien me hubiera dicho que alcanzaría las metas que he cumplido hasta ahora, le hubiera dicho: ¿Cómo rayos voy a poder hacer eso? ¡No tengo los recursos, la preparación ni la experiencia! El camino que he recorrido para llegar hasta donde estoy no ha sido fácil. Durante el transcurso de mi vida he tenido que enfrentar muchos tropiezos que han atentado contra mi seguridad y la confianza en mí misma. Cuando tenía nueve años recibí la noticia más trágica para una niña. Mi padre me confesó: "Mamita se está muriendo". Éstas han sido las palabras más devastadoras que he escuchado en mi vida. Al día siguiente perdí a mi madre. Ella era mi heroína, mi inspiración, mi porrista, quien siempre me decía "¡cree en ti, tú puedes!" Su muerte me dejó destrozada. Después de su fallecimiento busqué consuelo en la comida; traté de llenar mi vacío emocional con dulces, galletas y todo lo que me pusieran en frente. Cuando cumplí 12 años era una adolescente poco atractiva y bien rechonchita. A los 15 años recibí otro golpe fuerte. Descubrí que padecía una enfermedad crónica con la cual tendría que lidiar el resto de mi vida. Me diagnosticaron diabetes tipo 1 juvenil. De cada 10 personas que sufren de diabetes sólo una tiene esta severa condición. La única forma de controlar este tipo de diabetes era con tres inyecciones de insulina diarias por el resto de mi existencia. Cuando me enteré de esto exclamé: "¡Prefiero morir!"

Los primeros años de mi padecimiento fueron muy difíciles, no sólo por el terror que le tenía a las agujas, sino porque algunas personas me hicieron sentir que mi enfermedad era motivo de vergüenza. Recuerdo que mi abuela me advirtió que no le dijera a nadie sobre mi diabetes porque me afectaría para encontrar novio, marido ¡y hasta trabajo! Pude haber usado las adversidades y obstáculos que enfrenté a tan temprana edad como excusa para no desarrollar mi potencial, pero no lo hice.

Tal vez te ha tocado vivir situaciones difíciles igual que a mí, pero ninguna de ellas justifica que no puedas salir adelante y lograr lo que deseas. Yo he superado muchos obstáculos gracias a la fe que tengo en mí misma. Siempre he tenido expectativas muy altas. No tengo miedo a esperar mucho de mí, de otros y de la vida.

Los momentos duros por los que atraviesas atentan contra tu propia seguridad y te hacen dudar de tus capacidades, tu inteligencia y tu fuerza. Creer en ti es la base para alcanzar cualquier meta en tu vida, y te repito: ¡es de vital importancia para ser buen negociador! Mis logros no los atribuyo a mi preparación ni a mi experiencia, más bien se los debo a mi determinación por superarme.

Todos los seres humanos tenemos algo en común: ¡un ardiente deseo de triunfar! Sin embargo, muchos no persiguen sus sueños porque están plagados de dudas, suposiciones, inseguridades, excusas y miedos que los paralizan. Estas personas dicen en voz alta, o en voz baja: "No tengo experiencia", "Me falta preparación", "No tengo tiempo", "Hay mucha competencia", "Mi pareja se interpone", "Estoy muy viejo", "Voy a fracasar", "Me van a rechazar", "No me van a tomar en serio", etcétera. Te invito a que escribas ahora mismo todas estas frases negativas en una hoja de papel. Quiero que desahogues todos esos miedos e inseguridades que llevas por dentro y que tal vez no le has confiado a nadie. Cuando finalices con la lista, no la decores, no la guardes, ¡quémala! Esto es una ceremonia simbólica que representa la carbonización de esas ideas que tanto te debilitan y no te permiten avanzar. Al quemar esta hoja llena de ideas que no te sirven, estás limpiando tu mente para que entren nuevas ideas y puedas continuar con más claridad y entusiasmo. Te garantizo que estás mucho más capacitado de lo que supones. Lo único que te falta para expresar tu potencial al máximo es creer en ti. Te aseguro que ¡eres mucho más valiente de lo que imaginas y mucho mejor de lo que crees!

Así le dije a Daniel, quien llamó a mi programa de radio. Me contó que después de salir con muchas mujeres había decidido sentar cabeza. Su mejor amigo le presentó a Ximena, quien se acababa de graduar de la escuela de leyes.

—Quiero invitar a salir a una muchacha pero no me atrevo. Es guapísima, inteligente y tiene una tremenda personalidad —expresó con orgullo.

—¿Y qué te detiene? —pregunté.

—¡La posición social de ella! Ximena es abogada, gana mucho dinero y me enteré que el ex novio la llevaba a pasear en un avión privado, por lo tanto siento que no estoy a su nivel. ¡Ella es demasiado para mí! —exclamó con inseguridad.

—Con esa forma de pensar, no vas a ningún lado en esta negociación —expliqué casi molesta y continué—. La mejor habilidad de un buen negociador es que crea en si mismo.

—Sí, yo creo en mí, pero qué tal que ella me rechace —dijo para defenderse.

—¡No crees en ti lo suficiente! —dije tajante—. Si creyeras en ti, esperarías resultados buenos y no malos. Si esta muchacha te rechaza no será porque te falta dinero. Tus inseguridades son lo que la va a espantar. Hazme un favor: ¡cree en ti y llama a esa mujer!

CONQUISTA LO IMPOSIBLE

En mi carrera como motivadora les recalco todo el tiempo a mis seguidores: "Cree en ti, cree en ti, cree en ti". ¡Parezco un disco rayado! Lo que pasa es que esta frase, "creer en ti", es difícil de entender y más que todo, de poner en práctica. Después de leer la siguiente historia vas a entender perfectamente qué significan estas palabras.

Una vez tuve el honor de conocer a un cubano que representa la esencia y el carácter del significado de "creer en ti". Su nombre es Amado Veloso Vega. Participé con él en "Don Francisco Presenta", un programa de televisión de gran popularidad en todo el continente americano. Esa noche, el tema del programa era la superación personal, por lo que Don Francisco me invitó como motivadora experta en el tema. Los invitados fueron tres jóvenes que compartieron testimonios tan impresionantes que nos erizaron la piel a todos en el estudio y a los televidentes en sus casas.

La historia de Amado Veloso inspiró mi vida profundamente por su valentía y tenacidad. Él nos contó que intentó escapar de Cuba 17 veces en el transcurso de 15 años. Su odisea comenzó en una noche de noviembre de 1992. Se arrastraba sigilosamente para traspasar el tercer muro de protección militar que permite ingresar a la base norteamericana de Guantánamo, donde podría ser rescatado. De repente, minutos antes de tocar la frontera que lo llevaría a la libertad, el cielo se iluminó con unas luces de bengala y quedó al descubierto. En ese momento pisó un área identificada como "zona de nadie", en la que legalmente no podían detenerlo porque las autoridades cubanas no están autorizadas para entrar. Veloso se quedó inmóvil, casi aguantando la respiración para no ser visto, y decidió quedarse allí hasta el amanecer pero no pudo porque empezó una balacera que venía de su propio país. En medio del desasosiego, corrió para salvarse. El área estaba plagada de minas explosivas y una de ellas estalló en sus pies y lo lanzó a varios metros de distancia; resultó con las piernas destrozadas y con profundas heridas en todo el cuerpo.

Los militares cubanos fueron a recogerlo, y para comprobar si estaba vivo le dieron varios bayonetazos. Como no reaccionó, y tampoco tenía signos vitales, lo dieron por muerto. Lo trasladaron directamente al depósito de cadáveres. Lo impresionante es que en ningún momento perdió el conocimiento y recuerda claramente cómo los militares se burlaban y decían: "Un gusano menos".

En la morgue lo taparon con una sábana y le hicieron una marca en la frente que indicaba que estaba listo para la autopsia. Sus padres llegaron para reconocer el cadáver y firmar el certificado de defunción. Por suerte, su mano derecha quedó descubierta y repentinamente empezó a temblar. Un doctor se dio cuenta y reportó: "Aquí hay un muerto que esta moviendo la mano". En ese momento le pusieron una inyección directamente al corazón y los médicos dijeron que si no reaccionaba en una hora lo declararían muerto. Milagrosamente, a los 27 minutos, su corazón volvió a la vida. Horas más tarde le amputaron las piernas. Éste fue sólo el principio de un largo drama.

Después de dejar el hospital, Veloso fue encarcelado por dos años. Al salir le pidió al gobierno unas prótesis para poder caminar y la respuesta fue: "Ésas sólo se las damos a militares heridos en misiones internacionales". Entonces, la Fundación Nacional Cubano-Americana se enteró del caso y después de muchos trámites y papeleos, la silla de rueda llegó a La Habana, pero nunca a sus manos. El gobierno le dijo: "Esta silla es para alguien que no sea un traidor".

La desesperación por movilizarse lo obligó a usar su creatividad e inventó una prótesis, para cuya creación usó yeso y tuberías de agua. El problema era que caminar con estas "piernas de mentira" no era fácil porque eran demasiado pesadas y le raspaban la piel.

Pese a las adversidades, los intentos de fuga continuaron uno tras otro; nada lo detuvo en su sueño de lograr la libertad. En septiembre de 2006 se embarcó en lo que sería su último escape. En una barquita muy rústica, hecha con tubos de aluminio, navegó desde el sur de La Habana hasta la isla mexicana de Cozumel. Pero no logró tocar tierra firme. La Guardia Costera lo interceptó y lo regresó a la base naval estadounidense de Guantánamo, donde a pocos metros estaba el lugar donde había perdido las piernas pero nunca la esperanza. Allí fue rescatado. Una visa humanitaria le permitió entrar a la Florida el 16 de julio de 2007. Así empezó una nueva vida. Este cubano, guerrero de la libertad, estudió y se graduó de radiólogo.

Cuando Don Francisco le preguntó cómo se sentía después de lo sucedido, Amado respondió humildemente y a la vez con sentido del humor: "A veces me siento más bajito y a veces más grande, pero siempre con el mismo corazón". Y sus palabras finales fueron: "Mi vida me ha enseñado que ¡si uno quiere, uno puede!"

Este fascinante testimonio, lleno de determinación, fortaleza y valentía, refleja el alma y el espíritu de alguien que cree en sí mismo y por lo tanto es capaz de lograr hasta lo imposible.

DE ORADORA A ESCRITORA

Con tan sólo creer en ti un poquito más, elevarías tu nivel de seguridad y podrías hacer cambios increíblemente positivos en tu vida. Cualquier aspecto en el que te sientas descontento, sea tu relación amorosa, tu situación laboral, tus finanzas o tu apariencia física, la verdadera raíz de esa insatisfacción es la falta de confianza en ti mismo. Cuando confías en ti, atraes abundancia y cierras buenos negocios. Creer en ti es un sentimiento y una forma de pensar que, independientemente de la situación en la que estés, hace que tú confíes que puedes hacer lo necesario para salir triunfante.

Después de enseñar el arte de negociar por varios años, resolví darle un giro a mi carrera y dedicar mis conferencias a la superación personal de la mujer. Por este motivo, un día decidí escribir un libro dedicado a las mujeres para así transmitir mi mensaje por escrito. Convencida de que la seguridad es la clave para el triunfo, decidí titular mi libro: *Secretos de la mujer segura.* Pensé: "¡Qué buen título! Este libro será un *best seller* y venderá como pan caliente". Entonces, un sábado en la tarde apagué el teléfono y le advertí a mi esposo y a todas mis amistades que no me molestaran porque estaba lista para empezar a escribir mi obra literaria. Me preparé un café, me senté cómodamente frente a la computadora y empecé a escribir. Al cabo de dos párrafos, me detuve y dije preocupada: "¡Caramba, esto no es fácil!" Pero comprometida a completar mi obra maestra, seguí escribiendo. Cuando acabé el tercer párrafo paré, observé la pantalla, miré al techo, me rasqué la cabeza y dije: "¡Dios mío, yo no sé escribir!" Incliné la cabeza hacía adelante, me tapé los ojos con las manos y dije: "¿Qué hago?" En ese momento me di cuenta que plasmar emociones en papel era completamente diferente a expresarlas en una tarima. Comprendí que ser oradora no es lo mismo que ser escritora. Sin embargo, mi falta de experiencia en la escritura no iba a detenerme. En ese mismo instante pensé: "Aunque no puedo escribir, soy excelente para hablar". Rápidamente tomé una decisión práctica: "¡Voy a grabar un audiolibro!" Así mismo pensé en pedirle ayuda a mi hermano Héctor, quien tiene un estudio de grabación.

Así comenzó la aventura de grabar mi audiolibro. Cuando salió al mercado, el periódico hispano más importante de los Estados Unidos, *La Opinión,* hizo una reseña sobre *Secretos de la mujer segura.* El artículo tuvo una impresionante acogida por parte de las lectoras; muchas querían saber más sobre el tema y cómo contactarse conmigo. Para mi sorpresa, Alicia Morandi, editora de la sección "Vida y Estilo" donde se publicó la nota, un día me llamó. Esta mujer es muy estricta con su trabajo, y en el mundo periodístico es conocida por su profesionalismo, integridad y gran talento para escribir.

—María, estamos considerando la posibilidad de incluir en nuestra sección una columna semanal de motivación dirigida a nuestras lectoras. ¿Te interesa la idea? —preguntó con su adorable acento uruguayo.

—¡Claro que me interesa! —dije mientras mi corazón palpitaba fuertemente por la emoción. Ésta era una gran oportunidad para darme a conocer en los medios de comunicación. Pero recapacité rápidamente; miré al techo, me rasqué la cabeza y pensé: "¡Dios mío, yo no sé escribir!" Cerré los ojos y una vez más exclamé para mis adentros: "¿¡Qué hago!?"

—Qué bueno que te interesa. Todo lo que necesito es que me envíes tres muestras de lo que has escrito.

—¡Perfecto! Así lo haré —dije con mucha seguridad en mi voz mientras me temblaban las rodillas.

Cuando colgué, pensé: "¿De dónde voy a sacar muestras si yo no he escrito nada? Las únicas muestras que tengo son ¡muestras de perfume!" Me dio miedo escribir algo que no tuviera la calidad que ella esperaba. Pero analicé: "¿Qué es lo peor que puede pasar si me arriesgo a enviarle unas muestras? Que Alicia me diga: "¡Esto es desastroso, María, no sabes escribir!" Después de todo eso no era noticia nueva para mí, ¡ya yo lo sabía!

Aunque no tenía los conocimientos ni la experiencia para entrar en las grandes ligas literarias, recordé las palabras que mi madre me decía: ¡Cree en ti, tú puedes! Con mucha convicción, me senté a escribir tres columnas. Cada una me tomó siete días y sus respectivas noches. Antes de enviárselas a Alicia, se las mostré a Roberto Valadez Pineda, un amigo mexicano quien es un excelente periodista, y me dio recomendaciones muy acertadas para mejorar mi estilo.

Envié las tres columnas y una semana después recibí la notificación oficial de que yo escribiría para el periódico *La Opinión* una columna semanal titulada "Mujer sin límite". Y así fue como comenzó mi vida de escritora. Al principio no fue fácil; me tomaba varios días escribir tan sólo una columna. Escribía y borraba una y otra vez, después escribía y borraba nuevamente. Y cuando se acercaba la fecha de entrega le enviaba mi pequeña obra a Roberto para que la revisara y me diera sus comentarios y sugerencias. Poco a poco, con mucha paciencia, dedicación y perseverancia desarrollé el talento para escribir y descubrí una pasión escondida. Escribir esta columna me abrió las puertas para colaborar en los periódicos hispanos más leídos de los Estados Unidos. La columna se esparció como pólvora por Latinoamérica. Es publicada en dos idiomas y en más de 100 periódicos y revistas de México, Centro América, Suramérica y el Caribe.

Así mismo desperté el interés de los medios de comunicación. Frecuentemente me invitaban a participar en programas de radio y televisión. Así fue como más adelante me llegó la oportunidad de tener mi propio programa de radio nacional. Pero lo que yo ignoraba es que había una mujer que seguía mi carrera silenciosamente, y un día me habló para hacerme una propuesta inesperada.

—María, mi nombre es Diane Stockwell, soy agente literaria. He estado siguiendo tu trabajo y me parece que es hora de que escribas un libro —dijo para animarme a iniciar una nueva aventura. Me explicó que ella se dedicaba a apoyar a autores para luego negociar los contratos entre escritores y compañías editoriales.

—¿Escribir un libro? —pregunté sorprendida y a la vez muy alagada por la proposición.

—¡Claro!, ya la gente te conoce y puedes titular tu libro igual que tu columna: *Mujer sin límite.*

—¡Me parece fascinante! —exclamé. Al mismo tiempo suspiré, miré al techo, me rasqué la cabeza y pensé: "¡Dios mío! Yo escribo columnas cortitas, pero un libro es un reto gigante". Cerré los ojos y nuevamente exclamé: "¡¡Qué hago!?"

Aunque me sentía muy insegura, una voz interior me gritaba: "¡Cree en ti, tú puedes!" Confieso que, cuando empecé a escribir, tuve muchas dudas y pensé: "¿Le va a interesar este libro a la gente? ¿Será que lo puedo acabar? ¿Estoy realmente capacitada para un compromiso tan grande?"

Gracias a Dios no le puse atención a mis inseguridades y acabé el libro en nueve meses; por eso lo llamo cariñosamente "mi primer bebé". *Mujer sin límite* llegó a ser uno de los libros más leídos en la categoría de no ficción en español en los Estados Unidos.

Las palabras de mi mamá, "Cree en ti", siempre han hecho eco en mi corazón y se mantienen en mi mente. Las experiencias que he vivido y los logros que he alcanzado me han convencido de que el éxito, tanto en la vida como en los negocios, se define de acuerdo con el nivel de confianza que tengas en ti mismo. Puedes memorizarte todas las técnicas, tácticas y estrategias de negociación que existen en el mundo, pero si no crees en ti será muy difícil persuadir a otro, cerrar un trato, lograr lo que quieres o alcanzar tus sueños.

Quiero compartir contigo las cinco habilidades que debes desarrollar para creer en ti mismo.

1. **Cree en tu habilidad para actuar.** Ten la convicción de que puedes llevar a cabo lo que se requiere para conseguir lo que te propones. Por ejemplo, si tu sueño es abrir tu propio negocio, en vez de hablar como un loro de tu idea por años, escribe un plan de negocios, estudia cómo administrarlo y determina una fecha para comenzarlo. En otras palabras, ten la disposición para trabajar día a día y hacer que ese sueño se materialice. Creer en tu habilidad para actuar no es solamente pensar: "¡Yo sé que puedo hacerlo!" Es comprometerte y decidir: "Voy a dar los pasos para lograrlo, haré lo que este a mi alcance y daré lo mejor de mí".

2. **Cree en tu habilidad para continuar lo que empezaste.** Hay muchos que comienzan un proyecto pero no pueden acabarlo. Algunas de las razones que no les permiten seguir adelante son: desconcentración, desorganización, falta de disciplina o miedo a asumir las responsabilidades que demanda el éxito. También conozco a otros que no acaban lo que comienzan porque en vez de concentrarse en la razón por la que habían empezado, se enfocan sólo en el esfuerzo y el sacrificio que requiere lograr su objetivo. Por ejemplo, digamos que tu meta es aprender portugués tal vez motivado por querer hacer negocios en Brasil, porque te quieres educar mejor, o quizás tienes un enamorado brasileño y deseas hablar su idioma. Entonces empiezas las clases con mucho ánimo, pero a la mitad del semestre pierdes la motivación y te rindes. Te das cuenta de que ir a la academia de portugués requiere levantarte muy temprano, tienes que invertir mucho dinero, horas de estudio, práctica y dedicación. Es decir, tiraste la toalla porque te olvidaste de la verdadera razón por la que querías aprender portugués y te dejaste rendir por las dificultades que acompañan todo sueño.

3. **Cree en tu habilidad para superar obstáculos.** Cuando aparece una calamidad puedes pensar que es más fácil ceder o cambiar de sueño, pero lo cierto es que todos nacemos con la maravillosa capacidad para superar cualquier adversidad. Cuando se presenten problemas, por más difíciles que parezcan, confía que de alguna manera encontrarás la fuerza y los recursos para resolverlos. En el momento en que te comprometas a cumplir un sueño, quieras o no, se interpondrán obstáculos en tu camino, pero si perseveras, lo logras. La ecuación del triunfo se compone de tres variables: Meta + Obstáculos + Perseverancia = Triunfo.

4. **Cree en tu habilidad para encontrar aliados.** Reconoce que en la vida no se puede avanzar sin la colaboración de otros. Como dice el refrán, "En la unión está la fuerza". Nunca te dé miedo pedir ayuda; esto no es signo de debilidad, sino más bien es una muestra de inteligencia y amor propio. Busca gente que te apoye.

De la misma forma que creer en ti es importante, también es esencial rodearte de personas que crean en ti. Te advierto una cosa: los estados emocionales son contagiosos. Si mantienes contacto con seres negativos, tarde o temprano se te pega esa manera de ser, de pensar y de actuar. Se ha comprobado que somos influenciados por las cinco personas más allegadas a nosotros. Así que si compartes tu tiempo con "buenos para nada", ya sabes hacia donde vas. Rodéate de personas que tengan en abundancia aquello que a ti te falta y se te pegarán sus cualidades. Por ejemplo: si eres tímido, acércate a los extrovertidos. Si careces de dinero, reúnete con los ricos. Y si eres alcohólico, júntate con los sobrios. Relaciónate con aquellos que tengan buena actitud y te apoyen en tus ideas.

5. **Cree en tu habilidad para ofrecer algo valioso al mundo.** Naciste con una virtud única, es decir, entre los millones de personas que habitan en el mundo no existe nadie que pueda expresar tu talento de la misma manera que lo manifiestas tú. Esto te hace muy especial. Cuando utilizas este atributo único aportas positivamente a la vida de otros y haces la tuya más feliz. Convéncete de que estás capacitado para marcar una diferencia en esta tierra. ¡Eres una estrella, no hay nadie como tú!

SI CREES, ¡TODO ES POSIBLE!

Una de las negociaciones más admirables que he conocido sucedió entre dos partes que venían de dos mundos completamente opuestos, casi como si fueran de diferentes planetas. Eran tan distintos como la seda y la lija. No tenían absolutamente nada en común. Nadie hubiera imaginado que ambos pudiesen ponerse de acuerdo. No obstante, una de las partes se preocupó por entender el mundo del otro y lo que sucedió fue impresionante. Lo que voy a relatarte es una historia de la vida real en la cual se basó la película

Freedom Writers (Los escritores de la libertad) protagonizada por Hilary Swank, dos veces ganadora del premio Oscar. Esta historia tocó mi corazón profundamente.

Erin Gruwell, representada por Swank, iba a ser abogada pero a pesar de la oposición de su padre dejó la escuela de leyes para seguir la carrera que realmente le apasionaba: ser maestra. Era un día de otoño de 1994 cuando llegó esta joven de 24 años, elegantemente vestida y con un collar de perlas al salón número 203 de la escuela secundaria Woodrow Wilson en Long Beach, California. Allí se encontraría con un grupo de adolescentes irrespetuosos y fuera de control. Desde el principio, los estudiantes le hicieron saber claramente que no estaban interesados en lo que ella venía a enseñarles, y hasta hicieron apuestas de cuánto tiempo tardaría Gruwell en renunciar.

La mayoría de los alumnos eran miembros de diferentes pandillas, todas ellas muy violentas. Además pertenecían a distintos grupos étnicos: hispanos, afroamericanos y asiáticos. Entre ellos existía un racismo impresionante. Dentro del salón de clases se respiraba odio, rencor, envidia y, a la vez, dolor, angustia y desolación. Cada alumno vivía una triste realidad marcada por las experiencias trágicas que había pasado en su vida. Por ejemplo, una de las estudiantes había presenciado cómo su padre atacaba continuamente a su madre, dejándola herida y ensangrentada. Otro estudiante estuvo presente cuando su mejor amigo se disparó accidentalmente con un revólver; su amigo cayó muerto en sus brazos y la policía lo acusó de asesinato; lo encerraron en una cárcel juvenil cuando sólo tenía 10 años de edad. Historias como éstas son sólo una muestra de la realidad que vivían los alumnos de esa aula.

Los estudiantes acudían a la escuela por razones diferentes. Algunos buscaban escapar de sus problemas, otros por obligación con las autoridades, otros para reclutar pandilleros, y había quienes usaban este lugar para intimidar a sus compañeros y demostrar su poderío. Lo cierto es que ninguno estaba allí para estudiar.

Evidentemente, la autoestima de estos jóvenes estaba destruida. Algunos estaban convencidos de que no podrían llegar a cumplir ni siquiera 18 años de edad porque serían asesinados en cualquier momento. El común denominador de los estudiantes era la falta de fe en sí mismos.

La maestra estaba desesperada. Ella sabía que estos muchachos necesitaban atención especial. Cuando fue a pedir apoyo a la directora de la escuela para que le proporcionara materiales a sus alumnos, recibió la siguiente respuesta: "Esos chiquillos no tienen remedio, destruyen todo y no vamos a gastar dinero en estudiantes que no valen la pena".

La maestra Gruwell se dio cuenta que estos niños no podían creer en sí mismos porque ni sus padres, ni el distrito escolar, ni el resto de los maestros creían en ellos. Ella entendió que su misión era hacer que los estudiantes creyeran que sí existía un futuro prometedor para ellos. ¿Pero cómo lograrlo? No sólo tendría que lidiar con la baja autoestima de sus alumnos, sino también con el medio social en que vivían: sus barrios parecían campos de batalla y el hecho de sobrevivir era ya un acto heroico en sí mismo.

En esta difícil negociación Gruwell tenía que convencer a sus alumnos de que quisieran estudiar y desearan graduarse de secundaria. Ella sabía que para lograrlo necesitaba comprender el universo de estos adolescentes rebeldes; sólo así podría crear afinidad con ellos y entre ellos. La maestra inventó actividades muy creativas. Uno de los ejercicios más poderosos que utilizó fue el de la línea roja. Pegó una cinta roja en medio del salón y agrupó a los estudiantes a cada lado de la línea. Entonces les dijo: "Voy a hacer unas preguntas, si la respuesta es afirmativa deben pararse encima de la línea roja". La maestra comenzó a hacer preguntas sencillas como: "Los que tienen el último disco de música Rap, acérquense a la línea roja"; "Los que vivan en un lugar subsidiado por el gobierno, acérquense a la línea". Casi todos tuvieron que pararse, rozándose entre ellos. Después les hizo preguntas más profundas: "Acérquense a la línea los que tienen un amigo o familiar que ha sido asesinado"; "Aquellos que han estado en la cárcel"; "Aquellos que saben dónde conseguir drogas". Y poco a poco estos muchachos se fueron dando cuenta que todos tenían mucho en común; sus sufrimientos, sus miedos y hasta sus gustos eran los mismos. En otras palabras, cada cual comprendió la realidad del otro y se empezó a generar una afinidad impresionante. Gradualmente el salón de clase se fue convirtiendo en un hogar donde ahora se respiraba paz, amistad y solidaridad.

Lo que hizo al salón 203 famoso en todo el mundo fue la tarea de fin de año que la maestra Gruwell les asignó a los estudiantes. Les regaló unos cuadernos para que cada uno escribiera libremente lo que deseara, ya fuera experiencias propias, chistes, poemas, canciones, o lo que se les antojara. Lo que sucedió con estos diarios fue muy significativo: por primera vez estos muchachos pudieron desahogar libremente sus sentimientos más profundos. Estos diarios se compilaron y se publicaron en forma de libro, *El diario de los escritores de la libertad (The Freedom Writers Diary)* el cual estuvo entre los más vendidos de los Estados Unidos desde su publicación en 1999.

La labor de Gruwell es un ejemplo de que, si crees, ¡todo es posible! Ella creyó ciegamente en estos muchachos; estaba convencida del potencial de cada uno. Por eso, nada la detuvo. Luchó contra viento y marea. Peleó por los derechos de sus alumnos ante el sistema educativo. Se consiguió dos empleos adicionales para recaudar dinero y así comprar libros para ellos. Además, sacrificó su matrimonio: su esposo la dejó porque no estaba de acuerdo con el esfuerzo tan grande que ella hacía por estos muchachos. Afortunadamente algunos de ellos fueron los primeros en su familia en graduarse de escuela secundaria.

El éxito de esta negociación se explica porque estos estudiantes, además de creer en sí mismos, también creyeron en su maestra. De la misma manera, Gruwell no solamente creyó en sí misma, sino que además creyó en ellos.

COMPRENSIÓN + AFINIDAD = ACUERDO

Algunas negociaciones se dan entre personas que parece que no tuvieran nada en común, como Gruwell y sus estudiantes. Nadie hubiera imaginado que ambos lograran llegar a un acuerdo. No obstante, una de las partes, la maestra, se preocupó por entender el mundo de sus estudiantes y logró convencerlos de lo que ella quería.

El reto más grande que existe entre los seres humanos es ¡comprenderse! El punto de vista de la contraparte muy rara vez es igual al tuyo. Entonces, ¿qué hacer para comprender al otro? Entender a la contraparte es aun más difícil cuando existen muchos obstáculos: la cultura, la educación, los prejuicios o las ideas. La reacción natural es descalificar al otro con frases como: "No lo conozco", "No me entiende", "No comparto sus gustos", "No me cae bien", "No es amigable", "Tenemos vidas muy diferentes", etcétera. Para que este tipo de frases se puedan transformar, es esencial la comprensión. La clave para comprender a otro es ponerte en sus zapatos. Esto significa que tú vas a abrir el corazón y tratar de imaginar lo que esa persona siente. Esto te da una nueva perspectiva de la situación.

Cuando existen fricciones en una relación, ya sea laboral, matrimonial o amistosa, muchas veces es porque las personas no se comprenden; ambas partes creen que el otro está equivocado porque no piensa igual. Comprender a otro no significa que tienes que estar de acuerdo con sus ideas. Tienes derecho a disentir de él. Una convicción que conserva la armonía en todas las relaciones amorosas y de negocios se resume en la frase siguiente: "Aunque no estoy de acuerdo contigo, comprendo y respeto tu opinión". Cuando alguien se siente comprendido por ti, automáticamente le inspiras confianza y se siente identificado contigo.

Además de la comprensión para ganarte a otro y ponerlo de tu parte, es muy importante tener afinidad con esa persona. Afinidad es cuando dos personas comparten gustos, opiniones o intereses comunes. No importa cuán desconocidos, diferentes o lejanos sean; te garantizo que siempre, siempre, siempre encontrarán similitudes. La manera más efectiva de hallar esas semejanzas es preguntar, indagar, investigar y, sobre todo, escuchar. La fórmula para derribar muros de hostilidad en las relaciones humanas, y llegar a acuerdos, se compone de dos variables: Compresión + Afinidad = Acuerdo.

Cuando comprendes a una persona y encuentras afinidad con ella, los canales de comunicación se abren y la creatividad aparece. Es entonces cuando tienes todas las posibilidades de llegar a un acuerdo.

☆ ☆ ☆ ☆ ☆ ☆

RECUERDA QUE:

- *Lo que te convierte en un excelente negociador es cuán seguro eres, es decir, cuánto confías en ti mismo. Creer en ti es la base para alcanzar cualquier meta en tu vida, y es de vital importancia para ser un buen negociador.*

- *Tal vez has vivido situaciones difíciles, pero ninguna de ellas justifica que no puedas salir adelante y lograr lo que deseas.*

- *Creer en ti es un sentimiento y una forma de pensar que, independientemente de la situación en que te encuentres, hace que tú confíes en que puedes hacer lo necesario para salir triunfante. Cualquier aspecto del cual te sientas descontento, sea tu relación amorosa, tu situación laboral, tus finanzas o tu apariencia física, la verdadera raíz de esa insatisfacción es la falta de confianza en ti mismo. Si tan sólo creyeras en ti un poquito más, elevarías la seguridad en ti mismo y podrías hacer cambios increíblemente positivos.*

- *Cuando confías en ti mismo, atraes abundancia a tu vida y cierras buenos negocios.*

- *Existen cinco habilidades que debes desarrollar para creer en ti mismo: 1) cree en tu habilidad para actuar; 2) cree en tu habilidad para continuar lo que empezaste; 3) cree en tu habilidad para superar obstáculos; 4) cree en tu habilidad para encontrar aliados; 5) cree en tu habilidad para ofrecerle algo valioso al mundo.*

- *Algunas negociaciones se dan entre personas que parece que no tienen nada en común. Sin embargo, si una de las partes se preocupa por entender el mundo del otro, puede lograr convencer a éste de lo que quiere.*

- El reto más grande que existe entre los seres humanos es ¡comprenderse! El punto de vista de la contraparte muy rara vez es igual al tuyo. La clave para comprender a otro es ponerte en sus zapatos. Esto significa que tú vas a abrir el corazón y tratar de imaginar lo que esa persona siente. Esto te da una nueva perspectiva de la situación.

- La manera más efectiva de hallar semejanzas con otros es preguntar, indagar, investigar y, sobre todo, escuchar. La fórmula para derribar muros de hostilidad en las relaciones humanas, y llegar a acuerdos, se compone de dos variables: Comprensión + Afinidad = Acuerdo.

"La confianza en uno mismo es el primer peldaño para ascender por la escalera del éxito".

Waldo Emerson

TERCERA PARTE

TRUCOS DE UN BUEN NEGOCIADOR

Cuando pequeña, uno de mis personajes de dibujos animados favoritos de televisión era el Inspector Gadget, también conocido como el Inspector Truquini. Este investigador tenía la habilidad para resolver todo caso policíaco en la forma más inesperada. Lo que más me gustaba de él era la variedad de artefactos (o *gadgets)* que cargaba consigo, todos muy útiles para salvarse de cualquier peligro. Por ejemplo, si estaba en un edificio muy alto y necesitaba escapar, activaba unas hélices escondidas en su sombrero y salía volando tranquilamente. Si se encontraba en riesgo de ahogarse en medio del mar, simplemente halaba uno de los botones de su abrigo para poder inflarlo y convertirlo en un salvavidas. Cuando necesitaba hacer una llamada urgente, de su guante salía una antenita que se transformaba en un teléfono secreto. Y de todos sus aparatos, el que más me gustaba era el de las manitas que salían de su sombrero. Le servían para manejar varios objetos a la vez, como cámaras, linternas, abanicos, binoculares, abrelatas y hasta manejar mientras tomaba un descanso.

Así como el Inspector Gadget tenía acceso a esas herramientas cuando más las necesitaba, aquí vas a encontrar unos trucos secretos, muy prácticos y efectivos, que tendrás a tu disposición cuando estés negociando y necesites "una manita".

Revela tu mejor imagen

Tu imagen depende de la forma en que te vistes y te peinas, de los accesorios que usas, del maquillaje que te aplicas, del perfume que te pones y sobre todo, de tu lenguaje corporal. Tu imagen determina la manera en que otros te perciben.

La forma en que te proyectas ante otros envía un mensaje de seguridad o inseguridad. Anteriormente te expliqué que la diferencia entre un buen negociador y uno malo es el nivel de seguridad que tengan en sí mismos. La seguridad se manifiesta no solamente en tu interior, sino también se pone en evidencia con tu exterior. El lenguaje corporal de las personas seguras es muy distinto al de las personas inseguras.

Para presentarte a una entrevista de trabajo, convencer a un cliente, negociar con tu jefe o pedirle un favor a tu pareja, ten en cuenta que tu lenguaje corporal puede ser aun más impactante que las palabras que uses. Te recomiendo emplear el siguiente lenguaje corporal:

TRUCOS PARA MOSTRAR SEGURIDAD

1. Mantén tu espalda derecha y la cabeza en alto. Esto indica que eres valiente y posees fortaleza.

2. Inclínate un poquito hacia la otra persona; no tanto que vayas a invadir su espacio, pero lo suficiente para mostrarle tu interés y transmitirle tu energía.

3. Haz mucho contacto visual pero no permanentemente, cuando miras a los ojos demuestras que no tienes miedo, que eres leal y que se puede confiar en ti.

4. Al saludar, estrecha la mano con firmeza; esto envía el mensaje de que eres una persona enérgica, dinámica y amistosa.

5. Mantén tus extremidades relajadas. Evita cruzar tus brazos y piernas; esto podría indicar que estás a la defensiva y protegiéndote.

6. Asiente con la cabeza cuando la otra persona habla. Así muestras afinidad y comprensión; estas emociones son esenciales para llegar a un acuerdo.

7. Sonríe. Ésta es la muestra de seguridad más importante. Una sonrisa hace a otro sentirse aceptado, lo invita a acercarse y crea una conexión emocional. Sentimos una atracción especial hacia aquellos que muestran ser alegres, positivos y con buen sentido del humor.

No establezcas tu posición primero

Una y otra vez se ha comprobado que las personas que establecen su posición primero tienden a quedar en desventaja. Por eso, evita ser quien abre la negociación. Deja que la otra parte haga la primera oferta. Por ejemplo, digamos que vas a comprar un carro que tiene un letrero en el parabrisas que dice $23,000. Todos sabemos que ese es un precio sugerido, y por lo tanto, siempre es negociable. Aquí tienes dos opciones: una es abrir la negociación y hacerle una oferta según lo que puedas gastar; la otra opción es dejar que el vendedor establezca su posición primero al preguntarle qué descuento te puede dar.

Tú no sabes lo que la contraparte está pensando. Ni ella sabe lo que piensas tú. Si ofreces antes de que otro lo haga, corres el riesgo de ofrecer mucho más de lo que tal vez la contraparte hubiera aceptado. A lo mejor tú abres el negocio ofreciendo 21,000 dólares por el carro, pero el vendedor estaba dispuesto a dejártelo en 19,000 dólares. Lamentablemente, al abrir primero perdiste la oportunidad de obtener un mejor descuento.

Otro ejemplo es cuando vas a una entrevista de trabajo y tu futuro jefe te hace la consabida pregunta: ¿Cuánto espera ganarse en este trabajo? Inmediatamente te sientes incómodo y piensas: ¿¡Qué digo!? Hay estudios que muestran que las personas que dicen inmediatamente cuánto desean ganar acaban con un sueldo más bajo que aquellos que no hablan de dinero hasta el final de la entrevista. Una manera para evitar decir la respuesta es hacer que la conversación se enfoque en las habilidades y destrezas que posees y no en el salario. Es mejor decirle al entrevistador: "Considero que es muy pronto para hablar de sueldo. Primero quisiera saber cuáles serán mis responsabilidades y así tendré una mejor idea de cuánto espero ganar".

Otra forma de evadir dicha pregunta es con otra pregunta: "¿Cuánto es lo máximo que usted le pagaría a alguien en este puesto?" En caso de que el entrevistador insista en que tú abras la negociación, puedes darle un rango de lo que esperas ganar: "Desearía que mi salario estuviera entre 50,000 y 60,000 dólares al año", por ejemplo. Esta respuesta te dará la oportunidad de renegociar más adelante.

Mientras puedas, deja que sea otro quien hable primero; esto siempre te dará una mejor idea de cuánta flexibilidad tiene la contraparte para negociar.

PIDE CUENTAS DETALLADAS

Si vas a comprar, siempre pide una lista detallada de costos. Si vas a vender, ¡no des una lista detallada de los costos! Cuando vas a comprar un artículo o piensas contratar un servicio, es una gran idea pedir un desglose del precio que te cobran. Por ejemplo, si quieres contratar un camarógrafo para grabar tu boda y te dice que te va a cobrar 2,000 dólares, pídele que te muestre una lista detallada del valor que te está cobrando.

Digitalización:	$400
Edición:	$700
Animación y gráficas:	$200
Musicalización:	$100
Tiempo de grabación:	$500
20 copias en DVD:	$100
Total	**$2,000**

Cuando tienes la cotización con cada costo por separado puedes negociar con mayor flexibilidad. Así que puedes decirle al camarógrafo: "Si te proveo la música creo que podemos reducir el costo de la musicalización" o "No necesito 20 DVDs sino 5".

Siempre debes pedir un desglose del precio para que no te pase como al señor Morales, quien compró una computadora carísima y muy sofisticada para su empresa. Al cabo de dos semanas sucedió algo inesperado: ¡se dañó! Entonces contrató a un técnico para que fuera a repararla.

—¿Usted cree que la pueda arreglar? —preguntó el señor Morales muy preocupado. El técnico se puso sus anteojos y examinó la computadora por todas partes. Sacó de su caja de herramientas un destornillador muy pequeñito y cuidadosamente apretó un tornillito y prendió la computadora.

—¡Listo!, ya esta arreglada —dijo el técnico sonriendo.

—¡Qué bueno! Eso fue rápido. ¿Cuánto le debo? —preguntó contento.

El técnico sacó una hoja, hizo unas anotaciones, la firmó y se la entregó al señor Morales.

—¡Mil dólares! —gritó horrorizado el señor Morales y agregó—: ¡Esto es ridículo! Usted lo que hizo fue apretar un tornillo. ¡Exijo un desglose de costos inmediatamente! —pidió encolerizado.

—¡Claro que sí! —respondió el técnico muy educadamente y explicó—: Señor Morales, apretar el tornillo costó únicamente un dólar, en cambio, saber qué tornillo apretar costó 999 dólares.

TÓMATE TU TIEMPO

Tenemos la costumbre de querer acabar las cosas rápidamente. Todos conocemos el dicho *time is money* (el tiempo es dinero); su autor fue el científico, inventor y político estadounidense Benjamín Franklin. ¡A lo mejor por eso la cara de este señor aparece en los billetes de 100 dólares! ¿Qué es lo primero que viene a tu mente cuando escuchas esa sentencia? Seguramente piensas: "Apúrate, no pierdas tiempo" o "Acelera, que cada minuto representa mucho dinero". En la mayoría de los casos, si pierdes tiempo, pierdes dinero. Por ejemplo, si tienes un negocio y tus empleados llegan tarde, pasan tiempo chismeando, hablando por celular, entrando a Internet, pintándose las uñas o extendiendo su hora de almuerzo más de lo necesario, evidentemente la productividad baja y pierdes dinero. Sin embargo, en negociación sucede lo contrario: ¡no hay que apurarse! Mientras más tiempo inviertas, más oportunidades tienes de ganar dinero y salir triunfante; por eso, no tener prisa es un truco potente a la hora de negociar.

¿Te has dado cuenta qué pasa con las personas que esperan hasta mediados de diciembre para hacer sus compras navideñas? Desafortunadamente gastan mucho más que aquellos que se toman su tiempo y empiezan a hacer compras en noviembre porque el factor tiempo crea presiones. Mientras menos tiempo tengas para lograr lo que te propones, más presionado te sientes.

Imagina que tu cumpleaños se acerca y decides celebrarlo por todo lo alto, vas a tirar la casa por la ventana. Así que traerás comida de un buen restaurante y contratarás una orquesta para que tus amigos bailen hasta el amanecer. Cuando le hablas a Tito Bongó, el director de la banda, te informa que el precio por amenizar tu cumpleaños es 5,250 dólares. Tú le dices que está un poco caro, y él te alega que no puede darte un descuento. Entonces tienes dos opciones: pagar el alto precio que te pide o investigar con otras orquestas. Tito Bongó también tiene dos opciones: ofrecerte un descuento rápidamente para asegurar el contrato de la fiesta o dejarte ir, arriesgándose a que te consigas otro combo.

Si yo fuera tú, le diría a Tito Bongó: "Antes de tomar una decisión, necesito tiempo para pensarlo. Le llamaré la próxima semana". Al tomar tu tiempo le has puesto una gran presión al músico, y seguramente cederá en una semana para no perder el trato. Además tendrás tiempo de explorar otras opciones.

Por otro lado, si yo fuera el director de la orquesta, te diría: "Tómese su tiempo, pero le aseguro que no va a conseguir una orquesta así de buena en ningún lado, así que espero su llamada". Al tomarse su tiempo, puede arriesgarse a perder un cliente, pero a la vez le da legitimidad a su precio, y cuando tú le llames él sabrá que es para firmar el contrato.

(Nota de María Marín para Tito Bongó: Si el cumpleañero no te llama en tres días, ¡llámalo tú! Elévale el ego y dile: "Usted me cae bien, me encantaría ser parte de su fiesta y de regalo de cumpleaños le voy a dar un descuento".)

RETA LAS POSTURAS FIRMES

Apuesto que has estado en un sinnúmero de situaciones en las que quieres negociar algo pero te dicen: "Esto no es negociable". En ese momento te sientes impotente. El truco que te voy a mostrar aquí te va a dejar ver que realmente tienes mucho más poder del que imaginas.

Vivimos rodeados de posturas firmes que parecen ser imposibles de negociar. Por ejemplo, tu banco te dice: "El interés que puede ganar su dinero es de 2.6 por ciento anual". ¿Será negociable esta postura? Una agencia de seguros médicos te explica: "Estas son las condiciones de su contrato". ¿Será negociable esta postura? El hotel en que estás de vacaciones te advierte: "La hora de salida de su habitación tiene que ser las 12 del día". ¿Será negociable esta postura? Estás en una elegante tienda de ropa y lees en la etiqueta de un hermoso vestido: "550 dólares". ¿Será negociable esta postura?

Estas situaciones, que parecen muy firmes a primera vista, ¡se pueden ablandar y negociar! Pero lo lograrás solamente ¡si lo intentas!

Los siguientes pasos que te voy a enseñar no te garantizan que siempre vas a lograr lo que quieres, pero sí te garantizo que las probabilidades de lograrlo ¡aumentarán!

¿Cómo negociar una postura firme?

1. ¡Atrévete a preguntar! Es increíble, pero a algunos les da vergüenza o miedo preguntar. Si no pides, no obtienes nada. Y si te dicen que no, tampoco pierdes nada. Hazlo con seguridad, expectativas altas y amabilidad.

2. Busca al jefe. Si después de intentar cambiar esa postura firme te dicen que no, pide hablar con alguien con más autoridad. Tienes más oportunidades de lograr mejores resultados con alguien de más poder debido a su ego; el jefe desea mostrar ante ti y sus empleados que él sí tiene poder. Además, no está acostumbrado a tratar directamente con los clientes y se le hace más difícil decir que no. Así mismo está tan ocupado que, para no perder tiempo, prefiere darte lo que pides. Si el jefe no está, haz tres preguntas: ¿dónde está?, ¿cuándo regresa? y ¿quién está a cargo?

3. Pide que haga una excepción. Si el jefe te dice: "Lo siento no puedo ayudarle". Antes de la negociación busca razones de por qué deben hacer una excepción contigo. Por ejemplo: "Debe hacer una excepción conmigo porque soy cliente desde hace muchos años", "Debe hacer una excepción conmigo porque estoy comprando mucha mercancía", "Debe hacer una excepción conmigo porque no quiero irme con la competencia y deseo seguir siendo su cliente".

4. Retírate. Si no consigues lo que quieres, como última táctica, sal por la puerta. Cuando abandonas una negociación, automáticamente creas presión y culpabilidad en la contraparte, ya que siente que acaba de perder un cliente. ¿Te ha pasado que intentas retirarte de una negociación pero te detienen en la puerta? ¡A todos nos ha sucedido!

No divides la diferencia

Después de enseñar el arte de negociar en muchas partes del mundo descubrí que cada cultura usa un término distinto cuando hay que dividirse las ganancias o las pérdidas para llegar a un acuerdo. En Puerto Rico decimos: "Vamos a partirlo por la mitad". En México: "Ni tú, ni yo". En Colombia: "Vamos miti y miti". Los argentinos: "50 y 50". Los cubanos: "Ni pa' ti, ni pa' mí". Los estadounidenses: *Let's split the difference*. Los españoles: "Dejemos la fiesta en paz".

Digamos que necesitas un techo nuevo para tu casa. Miguel, el contratista, te dice que vale 10,000 dólares. Tú le respondes que tu presupuesto son 7,000 dólares. En ese momento Miguel cede y te dice que está dispuesto a reducir 1,000 dólares, que te hace el trabajo por 9,000 dólares. Entonces, para ser justo, tú igualas lo mismo que él cede, subes 1,000 dólares, y le ofreces 8,000 dólares. En este punto existe una diferencia de 1,000 entre los dos. Miguel, quien es colombiano, te dice: "Vámonos miti y miti, es lo justo; 500 dólares usted y 500 yo".

Es decir, pretende que pagues 8,500 dólares. La mayoría de las personas acceden ante esta propuesta, pero tú no tienes que hacerlo. Ten en cuenta que cuando alguien te propone dividir la diferencia significa que esa persona puede sufragar la diferencia fácilmente, pero eso no quiere decir que tú también puedas. Tú podrías responder: "Usted podrá sufragar el gasto de los 500 dólares, pero yo no puedo".

En general, si alguien te ofrece dividir la diferencia, seguramente puede cederte no sólo la mitad, si no un poquito más. Así que esos 1,000 dólares de diferencia entre Miguel y tú se pueden dividir en 700 y 300 respectivamente. Ya sabes: siempre que alguien te diga, en el idioma que sea y con el acento que quiera, que dividan la diferencia, ¡no te sientas obligado a decir que sí!

Usa el eco

¿Recuerdas la anécdota que te conté sobre la compra de un reloj para mi papá en Nueva York? El dominicano, vendedor del almacén, me dijo: "Este magnífico reloj se lo dejo en 300 dólares". Después de oír el precio, sin pestañear y con toda la fuerza de mis pulmones, estupefacta, exclamé: "¿¡300 dólares!?" Los números retumbaron en la tienda como el eco en el cañón de una montaña. El hombre quedó perplejo: sin titubear, rápidamente bajó el precio a ¡200 dólares!

Una de las razones por las que el vendedor me dio el descuento fue porque utilicé el "eco", un truco que consiste en repetir lo mismo que te dicen, pero en tono sulfurado, de tal forma que la contraparte se dé cuenta de que lo que pide ¡es absurdo!

El "eco" produce varios efectos en la otra persona: influyes para que baje sus expectativas, y provocas un sentimiento de culpabilidad e ineptitud pues se da cuenta que su pedido o exigencia es ridículo. Este truco, además de ser muy útil para lograr descuentos, es fabuloso para negociar con tu pareja, tu jefe, tus clientes, y hasta con tus hijos.

Estoy segura que tus hijos te piden dinero a menudo:

—Mamá, necesito 20 dólares —exige tu hijo.

—Mijo, pero si te di 15 dólares hace tres días —le recuerdas.

—Sí, mami, pero ya me los gasté —confiesa.

—¿Para qué necesitas 20 dólares esta vez? —preguntas con curiosidad.

—Voy al cine con mis amigos y luego vamos a ir a comer helado —explica tu hijo, muy convencido de que merece lo que pide.

En ese momento, condescendientemente y para no crear fricción, buscas en tu cartera un billete de 20 dólares y se lo entregas creyendo que te lo va a agradecer. ¡Qué error el que acabas de cometer! No pasarán tres días antes de que te pida 30 dólares más. Mi recomendación es que en una escena como ésta, actúes de la siguiente forma:

—Mamá, necesito 20 dólares —exige tu hijo.

—¡¿20 dólares?! —exclama sin pestañear y con toda la fuerza de sus pulmones y vuelve a repetir—: ¡20 dólares!

—Bueno, mami, no te alteres, ¡realmente necesito 10 dólares! —responderá tu hijo, tratando de apaciguar la situación, preocupado porque corre el riesgo de que no le des ni un dólar.

De la misma forma puedes emplear el "eco" cuando tu jefe, por ejemplo, te pida que trabajes horas extras. Seguramente lo complaces sin titubeos, por miedo a que te despida o a disgustarlo. Él sabe lo noble que eres y cada vez te pide más. Así que la próxima vez, haz lo siguiente:

—Necesito que hoy, en vez de irse a las cinco de la tarde, se quede trabajando hasta las ocho de la noche —te anuncia tu jefe.

—¡¿Ocho de la noche?! —exclamas aterrado y repites—: ¡Ocho de la noche! Perdone, jefe, pero ya tenía planes para esta noche.

—Esta bien, no hay problema. ¿Se podría quedar aunque sea una horita más, y salir a las seis? —te pregunta en un tono amistoso porque se acaba de dar cuenta que su pedido es excesivo y le preocupa disgustarte.

Activa el "eco" siempre que pienses o sientas que otro está pidiendo o exigiendo más de lo que tú quieres dar o ceder. Y cuando alguien use el "eco" contigo para intimidarte, no se te ocurra exaltarte. Actúa sereno y, sobre todo, mantén la calma: así envías el mensaje de que tu pedido es justo y razonable.

El círculo del regateo

Este círculo es muy efectivo para cuando compres un artículo o un servicio que vas a pagar en efectivo. Este método se utiliza para descubrir cuál es el límite de la contraparte. En otras palabras, cuál es el precio más bajo que el vendedor aceptaría para cerrar el trato. Este truco consiste en tres preguntas que se repiten continuamente en forma circular. Una vez que haces la tercera pregunta, comienzas de nuevo con la primera, y así sucesivamente, hasta descubrir cuál es el límite del vendedor.

Supongamos que vas a comprar un bote. Llegas al puerto, lo examinas; te gusta. El precio es de 6,500 dólares.

La primera pregunta que le haces a Brian, el dueño del bote es: "¿Si le pago en efectivo para cerrar este trato ahora mismo y rápidamente, cuánto es lo menos que aceptaría?" Imaginemos que responde 6,200 dólares.

Procedes con la segunda pregunta: "¿Entonces, 6,200 dólares es lo mínimo que aceptaría?" Te responde que sí.

Entonces le haces la tercera pregunta, que pondrá a temblar las piernas del marinero: "¿Lo que me quiere decir es que si no le pago 6,200 dólares… es mejor que me vaya?" Te garantizo que la respuesta de Brian será: "No, no quiero que se vaya".

En este momento comienzas otra vez el ciclo: "¿Si te pagara en efectivo para cerrar este trato ahora mismo y rápidamente, cuánto es lo menos que aceptaría?" Ahora Brian se ve obligado a darte un mejor precio. Continúas con el círculo hasta que finalmente, Brian, en la pregunta número dos, responda: "Me temo que debo dejarlo ir". La respuesta indica que ése es el límite de Brian.

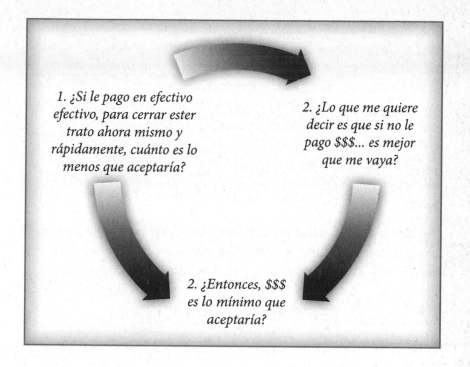

1. ¿Si le pago en efectivo efectivo, para cerrar ester trato ahora mismo y rápidamente, cuánto es lo menos que aceptaría?

2. ¿Lo que me quiere decir es que si no le pago $$$... es mejor que me vaya?

2. ¿Entonces, $$$ es lo mínimo que aceptaría?

Activa tu Plan B

Si en este momento te dijera que no puedes usar tu teléfono celular por un año y que de ahora en adelante tendrás que buscar otro sistema de comunicación, estoy segura que pensarías: "¡Yo no puedo vivir sin un celular!" Claro que puedes, lo que sucede es que no lo has intentado. No te digo que vaya a ser fácil y conveniente, pero la realidad es que tú sí podrás comunicarte con otros aunque no tengas un celular. Por ejemplo, podrías utilizar un teléfono público, recurrir al servicio de correos, pedir prestado un celular, enviar un correo electrónico, un fax o hasta caminar para llegar a donde está la persona con quien deseas comunicarte.

Una de las razones por las que cedemos mucho y terminamos en desventaja es porque comenzamos a negociar con la misma actitud de necesidad, angustia y dependencia que tiene una persona que cree que no puede vivir sin su teléfono celular. Tienes que cambiar esta actitud. Al igual que existen otras opciones para quien no tiene acceso a un celular, tú también tienes muchas opciones además de la que observas en la mesa de negociación.

Es esencial que antes de entrar a cualquier negociación lleves contigo un plan alterno, un Plan B. La ventaja de tener más de una opción —¡aunque sea sólo mental!— es que te sientes con más poder y seguridad en el momento de negociar. Por ejemplo, le vas a comprar el anillo de compromiso a tu novia y encontraste uno que te fascinó. El problema es que cuesta 2,000 dólares más de lo que puedes gastar. Ya negociaste, hasta usaste el círculo del regateo, y no hay forma de bajar el precio. Por lo tanto, tienes dos opciones: endeudarte y comprometer tus finanzas (no te lo recomiendo), o activar tu Plan B. Éste consiste en ir a otra joyería donde viste otro anillo, que no es el que más te gusta, pero es maravilloso para tu presupuesto y estupendo para tu novia. En éste y en muchos otros casos en la vida, es muy útil tener un Plan B.

Qué tal si...

Nunca tengas miedo a no lograr un trato. Hay situaciones en las que no hacer el negocio es mejor que hacer un mal negocio. Además, cuando te retiras de una negociación, tienes otra ventaja: existe la posibilidad que te paren en la puerta de salida. ¿Cuántas veces te han detenido cuando intentabas salir de una negociación? Sin duda, más de una vez. Es sencillo retirarse, pero ¿sabes qué es lo más difícil? ¡Regresar!

En otras culturas como la árabe y la hindú, el retirarse de una negociación es una manera muy típica de hacer negocios. Ellos se quejan, exigen, gritan y expresan todas sus emociones. De repente se retiran, indicando que la negociación se truncó. Minutos más tarde, como si nada hubiera pasado, regresan a reabrir la negociación con una gran sonrisa.

Retirarse de una negociación es algo muy difícil de hacer para la mayoría de los hispanos. Somos tan radicales que decimos: "Ésta es mi mejor oferta, ¡tómala o déjala!" Entonces, si la otra persona no acepta la oferta, nos retiramos con la cabeza en alto. Así demostramos nuestra convicción de que efectivamente estábamos ofreciendo lo mejor. Nosotros tenemos un ego tan inflado que nos impide regresar a una negociación, pues creemos que si lo hacemos la contraparte pensará que somos débiles y que puede hacer lo que se le antoje con nosotros. Sin embargo, aun cuando una negociación se trunca, ¿quién dice que no se puede reabrir? Lo único que tienes que hacer para regresar conservando la dignidad, es traer contigo una buena razón de por qué consideras que vale la pena continuar negociando. Hay un truco compuesto por tres palabras que te sirve para establecer un nuevo panorama y continuar negociando: "Qué tal si…"

Por ejemplo, fuiste a comprar el automóvil de tus sueños. El precio era de 38,000 dólares y, después de mucho regateo, sólo conseguiste bajarle el precio a $35,000. Para demostrar tu firme posición, con el ceño fruncido, te fuiste del lugar. Sin embargo, estabas convencido de que el vendedor te iba a llamar. Después de dos días el teléfono no sonó y tú no dormiste pensando en el carro. Estás dispuesto a pagar lo que te pidió, pero piensas: "Si regreso, el vendedor va a pensar que estoy desesperado". Entonces, para entrar con dignidad al concesionario, saludas muy amablemente y le dices al vendedor: "Lo estuve pensando y creo que hay una solución con la que ambos podemos ganar. Que tal si le pago los $35,000 y usted me entrega el auto con un mejor sistema de sonido". La verdad es que aunque te lo dieran sin radio de todos modos lo comprarías, pero de esta forma entras con la cabeza en alto, tu orgullo no se hiere y además consigues que te den algo a cambio.

NEGOCIANDO CON EL SEXO OPUESTO

Las necesidades y los gustos de las mujeres son diferentes a los de los hombres. Estas diferencias se manifiestan desde la infancia. Por ejemplo, entrégale dos muñecas a una niña y seguramente las peinará, las vestirá y finalmente las pondrá a dormir para luego darles el besito de las buenas noches. Sin embargo, regálale dos muñecos a un niño y los convertirá en soldados listos para pelear, o los usará como proyectiles.

Somos diferentes física, psicológica, emocional e incluso temperamentalmente. Así que no es sorprendente que negociemos de maneras muy distintas. Por eso, al negociar con el sexo opuesto usa el truco adecuado.

TRUCOS PARA NEGOCIAR CON LAS MUJERES

TÓMATE EL TIEMPO PARA AVERIGUAR SOBRE ELLA.

TRÁTALA COMO A TODA UNA PROFESIONAL.

MUÉSTRALE QUE RESPETAS SU PUNTO DE VISTA.

HALAGA LAS IDEAS QUE LO AMERITEN.

No se te ocurra...

AMENAZARLA.

PROPASARTE, NI HACER INSINUACIONES ÍNTIMAS.

BURLARTE DE SU APARIENCIA O IDEAS.

RIDICULIZARLA.

LEVANTARLE LA VOZ.

SER SARCÁSTICO.

Trucos para negociar con los hombres

No des vueltas y ve al grano.

Déjalo abrir la negociación.

Investiga cuáles son sus intereses.

Demuéstrale que eres capaz de completar el trabajo.

No se te ocurra...

Lloriquear ni hacer pucheros.

Chismear.

Quejarte.

Amenazarlo.

Desafiarlo.

Consigue un mediador

En una negociación donde haya conflicto, muchas veces se rompe la comunicación y hasta la simpatía. En este tipo de situaciones donde ninguno de los lados está dispuesto a escuchar y mucho menos a ceder, la negociación se rompe. Sin embargo, se puede reanudar con la ayuda de un tercero que tenga el rol de negociar entre las partes.

En mi familia mi papá es el mediador. Cada vez que se enojan mis primos entre ellos, mis tíos con la abuela o mis sobrinos con mis hermanos, en fin, cuando hay malentendidos o cualquier problema familiar, mi padre entra a negociar. A mi papá lo respetan, y cuando él habla hay que escucharlo. Todos en la familia lo admiramos por su sabiduría, integridad, inteligencia, gran corazón y buen sentido del humor.

Muchos padres se quejan de que sus hijos no les obedecen. Algunos de los comentarios son: "Este niño nunca hace lo que yo le digo", "Qué muchacho tan rebelde", "Este chico se me salió de las manos, mientras más le digo que no se vaya con esas amistades, más sale con ellos". Los terapeutas familiares aseguran que utilizar un mediador es una excelente táctica para que tus hijos te escuchen, pues tu mensaje llegará mejor a través de un tercero. Este mediador tiene que ser alguien en quien ellos confíen y les inspire respeto.

Te aseguro que tus hijos van a estar mucho más receptivos a escuchar lo que esa persona les proponga, que a oír tu cantaleta. Siempre que un buen mediador intercede, tu mensaje es bien recibido. Por ejemplo, ante conflictos matrimoniales, las parejas buscan a un consejero familiar o, como último recurso, a un abogado. En negociaciones internacionales, como guerras entre países o problemas fronterizos, se recurre a la Cruz Roja Internacional o a la Organización de las Naciones Unidas. En una negociación entre hermanos, se acude a la mamá o al papá. En un rompimiento de la relación entre dos novios, se le pide ayuda a un amigo. En un problema en la escuela, los estudiantes llaman a un maestro. En una discusión en el trabajo, se busca al jefe. Y cuando ya la situación está muy difícil, los que creemos en la Virgen María acudimos a ella para que interceda por nosotros.

Seguramente, después de aprender todas las estrategias y trucos de negociación, estarás de acuerdo conmigo en que negociar es el arte de convencer a otro de lo que tú quieres. En palabras de un diplomático francés del siglo XIX: "Negociar es el arte de hacer que otro se salga con la tuya". Claro, hay que hacerlo siempre con amabilidad para que otros hagan con gusto lo que tú deseas que ellos hagan.

☆ ☆ ☆ ☆ ☆ ☆ ☆

RECUERDA QUE:

- *La forma en que te proyectas ante otros envía un mensaje de seguridad o de inseguridad. Tu lenguaje corporal determina la manera en que otros te perciben.*

- *Para mostrar seguridad, mantén la espalda derecha y la cabeza en alto, inclínate un poquito hacia la otra persona, haz contacto visual, estrecha la mano con firmeza, evita cruzar los brazos o piernas, asiente con la cabeza y sonríe.*

- *Evita ser quien abre la negociación. Deja que la otra parte haga la primera oferta.*

- *Si vas a comprar, siempre pide una lista detallada de costos. Si vas a vender, trata de no dar una lista detallada de los costos.*

- *En una negociación no hay que apurarse. Mientras más tiempo inviertas, más oportunidades tienes de ganar dinero y salir triunfante.*

- *Hay situaciones que a primera vista parecen ser innegociables. No te dejes intimidar por una postura firme. Si lo intentas, te darás cuenta de que muchas veces hay flexibilidad y que puedes negociar.*

- *Cuando alguien te ofrezca dividir la diferencia, no te apresures a decir que sí: seguramente la persona puede cederte no sólo la mitad, sino un poquito más.*

- *Usa el "eco" siempre que creas que el otro está pidiendo más de lo que tú quieres ceder. Y cuando alguien use el "eco" contigo para intimidarte, no te exaltes. Mantén la calma: así envías el mensaje de que tu pedido es justo y razonable.*

- *Nunca tengas miedo a no llegar a un trato. Hay situaciones en que no hacer el negocio es mejor que hacer un mal negocio. Además, cuando te retiras de una negociación, existe la posibilidad que te detengan en la puerta de salida.*

- *Si una negociación se trunca, lo único que tienes que hacer para regresar es traer contigo una buena razón de por qué consideras que vale la pena continuar negociando. Hay tres palabras que te dan la pauta para continuar negociando: "Qué tal si…"*

- *En una negociación donde haya conflicto y ninguno de los lados está dispuesto a escuchar, y mucho menos a ceder, la negociación se rompe. Si esto sucede, reanúdala con un mediador.*

"El necio intenta convencerte con sus ideas, el sabio te convence con las tuyas".

Sócrates

Consiguiendo lo imposible

¡Todo en esta vida es negociable menos la muerte!, dije al principio de este libro. Luego te conté que además de morir, nacer tampoco es negociable, pues cuando un bebé esta listo para llegar a este mundo ¡no hay nada que lo detenga! Así mismo, cuando alguien esta listo para partir de este mundo, ¡no hay quien lo pare! Sin embargo, siempre hay una excepción para toda regla: hace miles de años existió una mujer que negoció con la muerte; su nombre era Savitri.

Savitri la negociadora

La historia de Savitri es muy conocida en la India porque demuestra que con amor verdadero puedes cambiar tu destino y negociar hasta lo imposible. Savitri era una joven muy hermosa, criada entre lujos reales y se convirtió en una doncella muy educada en todas las artes nobles. Todos los hombres de la ciudad se sentían intimidados por su belleza y seguridad en sí misma. A tal punto que cuando llegó la edad de casarse, ningún rey o príncipe se atrevió a acercarse para pedir la mano de una princesa tan educada y talentosa. Su padre, preocupado porque su hija fuera a quedarse sola, le pidió que ella misma eligiera un esposo apropiado.

Savitri, acompañada por los sabios consejeros de la corte real, inició un peregrinaje por el bosque en busca de su amor. Al cabo de unos días, conoció a un apuesto joven quien era hijo de un rey ciego, que además de perder la vista, había perdido su reino. Este anciano rey vivía con su esposa y su hijo Satyavan. Llevaban una vida campestre muy humilde. El joven estaba dedicado completamente a sus padres; los cuidaba mucho y se ocupaba de que no les faltara nada. Diariamente cortaba leña y recogía comestibles para ellos en los alrededores.

El día que Savitri y Satyavan se encontraron en el bosque nació un amor a primera vista. La princesa regresó a la corte y anunció a sus padres con mucho orgullo: "Me voy a casar, encontré el amor de mi vida, su nombre es Satyavan". Los padres de la princesa se pusieron muy contentos por la elección del esposo, pero la dicha les duró muy poco. Un mago le reveló al rey: "Satyavan es muy buen muchacho, pero lamentablemente está destinado a morir exactamente en un año". Y le advirtió: "Nada, absolutamente nada, podrá cambiar su destino".

El rey quedó muy afectado con la noticia. Temía decírselo a su hija, pero sabía que debía hacerlo lo antes posible.

—Hija, tienes que buscar a otro candidato —le pidió calmadamente.

—¿Por qué? Ya lo escogí a él —declaró con la seguridad que la caracterizaba.

—El mago me informó que Satyavan está destinado a morir exactamente en un año y nada podrá cambiar su destino. Te recomiendo buscar otro marido —aconsejó el padre, tratando de solucionar la situación.

—¡No puede ser, yo lo amo! —exclamó la doncella con lágrimas en los ojos.

—Hija, no quiero verte viuda, hay muchos jóvenes en este reino y estoy seguro que puedes encontrar otro muchacho que te guste —dijo, intentando convencerla.

—¡No hay nadie como Satyavan, no me importa quedar viuda! Entiéndeme, papá, si yo busco a otro hombre, sería traicionarlo y me sentiría como la mujer más impura de este reino —entonces suplicó—: Te ruego que jamás le reveles a Satyavan que pronto morirá.

La hermosa princesa continuó con los preparativos de la boda sin importarle lo corta o larga que fuera la vida de su futuro marido. Después de la boda, Savitri se mudó para la cabaña donde su esposo habitaba en medio del bosque. Se dedicó a su marido y a sus suegros, renunciando a todos los lujos que tenía en el palacio real. Ella vivía dichosa en compañía de su esposo. Éste era un hombre magnífico, sumamente cariñoso que, a pesar de llevar una vida simple, la trataba como a una reina.

El año transcurrió y ambos vivieron momentos muy especiales. Sin embargo, Savitri no podía dejar de pensar en las palabras del mago. Tres días antes del momento fatal, Savitri ayunó y oró día y noche. Cuando llegó la mañana del tercer día, con el corazón destrozado ella cumplió con sus obligaciones cotidianas tratando de ocultar su profundo dolor. Su esposo estaba listo para ir al bosque como lo hacía usualmente. Savitri lo detuvo y le dijo que quería acompañarlo. Así que caminaron juntos. Satyavan cargaba el hacha en su mano izquierda, y con la derecha apretaba la mano de la mujer que adoraba. Cuando llegaron al lugar donde sacaba la madera, él le pidió que se sentara bajo un árbol para que estuviera en la sombra. Entonces comenzó a cortar leña. Ella lo observaba atentamente. De repente, mientras daba hachazos sintió que, poco a poco, el movimiento de sus manos estaba disminuyendo. Tambaleándose llegó hasta el árbol donde estaba sentada Savitri. Con el rostro pálido, lentamente se sentó en el suelo y le dijo: "Mi amor, me siento muy mareado, creo que me voy a desmayar". Recostó su cabeza sobre la falda de su amada y cerró los ojos.

En ese instante, Savitri notó que en la distancia había una figura oscura y tenebrosa, de ojos rojos. Parecía un espíritu. Según se acercaba, el corazón de Savitri latía con fuerza. Cuando la figura llegó hasta sus pies, vio que cargaba un lazo.

—Soy Yama, el Señor de la Muerte, vengo por tu esposo. Sus días sobre la tierra se han terminado —dijo con una voz gruesa mientras cuidadosamente le sacaba el alma del cuerpo a Satyavan y lo amarraba con su lazo.

—No se lo lleve por favor —imploró Savitri.

—Lo siento, éste es su destino —explicó y comenzó a retirarse. Savitri lo persiguió desesperada.

—¡Un momento señor Yama! —le gritó.

—No pierdas el tiempo, Savitri, más bien regresa a tu casa y prepara los ritos fúnebres —indicó.

—¡Espere un segundo! —dijo mirándolo fijamente a los ojos—. Quiero recordarle que existe una ley eterna que une a un esposo con su esposa, por eso usted no puede llevárselo.

—Tranquila, Savitri, te voy a conceder un deseo —ofreció para consolarla.

—Quiero que me devuelva a mi esposo —imploró.

—No te lo puedo devolver, es mi obligación llevármelo. Te puedo dar lo que quieras excepto la vida de tu esposo. Te repito: lo que quieras excepto la vida de Satyavan. Yo soy un hombre de palabra. Dime lo que quieres —insistió.

—Ya sé lo que quiero. Por favor devuélvale la vista a mi suegro y también devuélvale su reino. Además quiero que le dé cien hijos a mi papá —pidió amablemente, con una sonrisa en la cara.

—¡Eres buena negociadora! Sabes pedir mucho y de buena manera. Por eso te lo voy a conceder —le aseguró a la astuta joven y empezó a marcharse.

—Gracias, pero espere. Antes de que se vaya quiero pedirle algo más —dijo con respeto.

—¿¡Algo más!? —repitió Yama con eco— ¿Qué quieres ahora? —cuestionó un tanto molesto.

—¿Puedo pedir lo que quiera? —preguntó con inocencia.

—¡Sí! —dijo rápidamente Yama.

—Quiero que nos bendigas a Satyavan y mí con cien hijos —solicitó llena de esperanza.

Yama quedó mudo ante semejante pedido. Se dio cuenta del error que había cometido. Esta vez, por la prisa, olvidó decir: "Excepto la vida de Satyavan". La única forma para que este matrimonio pudiera engendrar cien hijos era que Satyavan siguiera vivo. El Señor de la Muerte, para cumplir con su palabra, no tuvo otra alternativa que devolverle la vida al esposo de Savitri. Después de todo, Yama se fue satisfecho porque había sido persuadido por una mujer pura, intrépida y fiel. Como resultado del amor incondicional y puro que Savitri demostró, se elevó a la posición de diosa. Aún hoy muchas mujeres hindúes siguen, durante tres días del año, ritos religiosos en su honor. Esta historia reafirma que tienes que estar seguro de ti mismo en toda negociación, actuar con amor y siempre, siempre, siempre: ¡pide más, espera más y vas a obtener más!

"La diplomacia es el arte de conseguir que los demás hagan con gusto lo que uno desea que hagan".

Dale Carnegie

BIBLIOGRAFÍA

AUGSBERGE, David W.: *Conflict Mediation Across Cultures: Pathways and Patterns*, Louisville, Westminster John Knox Press, 1992.

BABCOCK, Linda, y LASCHEVER, Sara: *Women Don't Ask: Negotiation and Gender Divide*, Princeton, Princeton University Press, 2003.

CARNEGIE, Dale: *How to Win Friends and Influence People*, Nueva York, Simon & Schuster, 2009.

COHEN, Herb: *You Can Negotiate Anything*, Nueva York, Audio Renaissance, 2001.

COHEN, Raymond: *Negotiating Across Cultures: International Communication in an Interdependent World*, Washington, D. C., United States Institute of Peace, 1997.

DAWSON, Roger: *Secrets of Power Negotiating*, Pompton Plains, Career Press, 2000.

FISHER, Roger, y URY, William: *Getting to Yes: How to Negotiate Agreement Without Giving In*, Nueva York, Simon & Schuster Inc., Audio Division, 2003.

GREENE, Robert: *The 48 Laws of Power*, Nueva York, Penguin Books, 2000.

——— *The Art of Seduction*, Nueva York, Penguin Books, 2003.

HARVARD BUSINESS ESSENTIALS: *Guide to Negotiation*, Boston, Harvard Business School Press, 2003.

HERNÁNDEZ, Héctor: *The 29 Laws of Negotiation. A Guide to Gaining the Upper Hand*, TDC Publishing, 2002.

HILL, Napoleon: *Think and Grow Rich*, Nueva York, Ballantine Books, 1987.

Hogan, Kevin: *The Science of Influence. How to Get Anyone to Say "Yes" in 8 Minutes or Less!*, Hoboken, Wiley, 2004.

——— *Covert Persuasion: Psychological Tactics and Tricks to Win the Game*, Hoboken, Wiley , 2006.

Karrass, Chester L.: *The Negotiating Game*, Nueva York, Harper Collins Publishers, 1992.

——— *Give and Take: The Complete Guide to Negotiating Strategies and Tactics*, Nueva York, Harper Collins Publishers, 1993.

——— *Effective Negotiating. Workbook and Discussion Guide*, Karrass Ltd, 2004

——— *In Business As in Life—You Don't Get What You Deserve, You Get What You Negotiate*, Stanford Street Press,1996.

Karrass, Gary:. *Negotiate to Close: How to Make More Successful Deals*, Nueva York, Simon and Schuster.

Kiyosaki, Robert: Padre rico, padre pobre, Aguilar, 2008.

Lakhani, Dave: *Persuasion: The Art of Getting What You Want*, Hoboken, Wiley, 2005.

Mandino, Og: *El vendedor más grande del mundo*, México, D.F., Diana, 2005.

Marín, María: *Mujer sin Límite, experiencias de una mujer vencedora que transformarán tu vida*, Miami, Aguilar, 2007.

Miller, Lee E., y Miller, Jessica: *Woman's Guide to Successful Negotiating: How to Convince, Collaborate, and Create Your Way to Agreement*, Nueva York, McGraw-Hill, 2002.

Ruiz, Don Miguel: *Los cuatro acuerdos*, San Rafael, Amber-Allen Publishing, 2002.

Shell, G. Richard: *Bargaining for Advantage. Negotiation Strategies for Reasonable People*, Nueva York, Penguin Books, 2006.

STONE, Douglas, PATTON, Bruce, y HEEN, Sheila: *Difficult Conversations. How to Discuss what Matters Most,* Nueva York, Penguin Books, 1999.

SWAMI Nikhilananda: *Santa Madre. La vida de Sri Sarada Devi, esposa de Sri Ramakrishan y copartícipe de su misión,* Hollywood, Saradama Publishing, 2009.

WEEKS, Dudley: *The Eight Essential Steps to Conflict Resolution,* Penguin Putnam, 1994.

EKER, T. Harv: *Secretos de una mente millonaria,* Editorial Sirio, 2003.

TZU, Sun: *The Art of War,.* Filiquarian, 2007.

AGRADECIMIENTOS

Quiero expresar mi amor y agradecimiento a las siguientes personas:

Héctor Rivera: Qué orgullosa estoy de tenerte como padre. De ti aprendí integridad, generosidad y humildad. Eres un ser especial y el hombre que más admiro en este mundo. Gracias por haber leído este libro antes que nadie y haberme dado tu valiosa retroalimentación.

Mi mamá Myriam, mis hermanos, Héctor Manuel, Alberto, Gabriel, Liza y mis sobrinos Héctor Jr., Samuel, Alexandra, Isabel y Catalina: Ustedes son la luz de mis ojos y su amor es lo más valioso que tengo en la vida. ¡Los adoro!

Abuela Mercedes: ¡La mujer que más admiro! Tu fortaleza y seguridad en ti misma es ejemplo para todas las mujeres del mundo. Contigo aprendí que para que otros te respeten, primero tienes que respetarte a ti mismo. A los 97 años sigues siendo hermosa. ¡Te amo!

Bill Marín: Gracias por creer en mis talentos más que nadie en el mundo y por haberme motivado a perseguir mis sueños. Admiro tu perseverancia y tenacidad. Contigo aprendí que todo es posible. ¡Siempre te estaré agradecida!

Alina Torres: mi gran amiga y "mano derecha". Te agradezco infinitamente tu amor y dedicación. Eres la mujer más responsable, trabajadora, ingeniosa, emprendedora y comprometida que he conocido. Trabajar contigo es una bendición. Gracias por existir y por hacer mi vida más fácil. ¡Eres la mejor!

Sofía Elena Puerta: Desde la primera vez que te conocí tuve el presentimiento de que eras muy talentosa. ¡No me equivoqué! Gracias por siempre dar lo mejor de ti y por poner tanto amor, dedicación y pasión en lo que haces. Tu aportación en este proyecto fue muy valiosa.

Alicia Morandi: Me abriste las puertas como escritora. Fuiste la primera persona en atreverse a publicar mis columnas aún cuando yo no tenía ninguna experiencia. Gracias a la oportunidad que me diste de escribir para el periódico *La Opinión* en Los Ángeles, California, hoy en día mi columna *Mujer sin límite* se lee en más de cien periódicos y revistas alrededor del mundo.

Frank Mobus: Gracias por haber creído en mí. Aunque yo no llenaba todos los requisitos, me diste la oportunidad de trabajar como conferencista para una prestigiosa empresa. La experiencia que allí adquirí me dio la base para convertirme en la motivadora que soy hoy día.

A mis mejores amigas Doris Castro, Hortencia Barajas, Lina Weil, Myrna Lartigue, Nieves G. Pimienta, Silvia Huezo, Brenda Avilés, Dafne Agosto, Wanda López e Ivonne Padró: Gracias por estar presente cuando más lo he necesitado. Estar con cada una de ustedes es una delicia. Atesoro cada consejo, carcajada y lágrima que hemos compartido.

Diane Stockwell, mi agente literaria: Admiro tu profesionalismo. Gracias por creer en mi mensaje y por motivarme a escribir mi primer libro "Mujer sin límite", nunca imaginé el éxito que alcanzaría y sigue obteniendo.

Silvia Matute: Te agradezco a ti y a tu excelente equipo en la editorial Santillana el apoyo que siempre me han brindado. Gracias por el esfuerzo que pusiste para que "Mujer sin límite" fuera un éxito. Eres un ser encantador y contigo me siento como en familia.

A mis fans: Gracias por apoyarme y permitirme ser parte de sus vidas. Ustedes son mi inspiración y el motor que me impulsa diariamente a dar lo mejor de mí. ¡Los quiero inmensamente!

Y sobre todo: ¡Gracias a Dios!

NOTAS

NOTAS

NOTAS